1. Warm-Blooded Animals

Write the meaning of the words and phrases in Korean.

1. warm-blooded
2. mammal
3. body temperature
4. stay
5. environment
6. sweat
7. cool down
8. stick out
9. tongue
10. shiver

Listen to the passage and fill in the blanks.

Mammals, like you and me, are a kind of ________. We are warm-blooded, so our ________ temperature stays the same. It's the same in a warm or cool ________. Mammals keep their body ________ the same in different ways. We ________ when we are too warm. Sweat ________ our bodies. Dogs ________ their tongues to cool down. We shiver when we are too cool. That's because it ________ our bodies. Dogs ________ to warm up too. Warming up and cooling down is easy for ________ mammals like us!

2. Communicating with Lights

Ⓐ Write the meaning of the words and phrases in Korean.

1. communicate
2. distance
3. flash
4. message
5. code
6. develop
7. popular
8. pulse
9. pattern
10. sink

Listen to the passage and fill in the blanks.

How did people communicate ______ phones and radio? Lights helped us ______ over long distances. Flashing a light sent ______ as a code. Samuel Morse developed a popular code in the 1840s. Morse code uses long and short ______. A pulse is a ______ of light or sound. Each letter of the alphabet has its own pulse ______. For example, "S" is three ______ pulses. "O" is three ______ pulses. Ships used ______ and Morse code to communicate. Sinking ships would pulse SOS. That means to send ______ right away!

3. Designs from Nature

A Write the meaning of the words and phrases in Korean.

1. incredible
2. feature
3. survive
4. environment
5. Velcro
6. invention
7. spiky
8. seed
9. hook
10. stick

B Listen to the passage and fill in the blanks.

Plants and animals are ______. They have unique features that help them ______ in their environment. Sometimes scientists use ______ designs to make useful things. Did you know that Velcro is an ______ from nature? In 1941, George de Mestral ______ burrs in his dog's fur. Burrs are ______ seeds with little hooks at the end. These hooks ______ to clothes and hair. George got a great idea from the burr's ______. He created the first Velcro out of cotton. Velcro sticks together and ______ easily. You've probably used it on your ______ or bag before!

4. Indian Flying Foxes

A **Write the meaning of the words and phrases in Korean.**

1. village
2. hundreds of
3. hang
4. strange
5. leathery
6. bat
7. a bit
8. disease
9. pollinate
10. nectar

B **Listen to the passage and fill in the blanks.** 

Mena and his father were in the forest outside their ______ in India. They saw hundreds of foxes ______ in the trees. These foxes had ______, leathery arms. "Father, I'm ______," Mena said. His father smiled and ______, "Those are Indian flying foxes, my son. They are actually a kind of bat. They are a bit ______ because they often carry diseases. But they eat only fruit, ______, and insects. Flying foxes also help ______ flowers by drinking nectar. So, they are an ______ part of the environment."

5. Sound Travels

A **Write the meaning of the words and phrases in Korean.**

1. material
2. engineer
3. especially
4. absorb
5. wave
6. go through
7. fabric
8. cardboard
9. stop *A* from -ing
10. bounce off

Listen to the passage and fill in the blanks.

I'm a materials . I especially study , like wood and
metal. I check to see how well they absorb . Sound travels in waves.
Sound waves can get absorbed by a material or
it. Soft materials, like fabric, sponge, or cardboard, sounds well.
Builders put these materials walls to stop sound from traveling.
Hard materials, like or , don't absorb sound well.
The sound waves usually off these materials. Builders also use
these hard materials to sound from entering an area.

6. No More Bees?

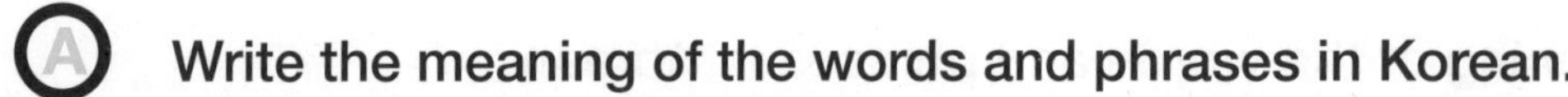

Ⓐ **Write the meaning of the words and phrases in Korean.**

1. disappear	6. keep *A* away
2. colony	7. poisonous
3. collapse	8. contact
4. pesticide	9. weaken
5. millions of	10. harm

Listen to the passage and fill in the blanks.

Bees are disappearing. Their colonies are collapsing. Scientists think that ______ are killing millions of bees each year. Farmers use pesticides on food crops to ______ insects ______. Pesticides are ______, and bees are contacting them. They weaken the bees so diseases ______ them. Also, pesticides affect the ______ of the bees. This causes them to get lost while looking for ______. When bees travel for nectar, they help ______ crops. Bees cannot ______ alone, and humans wouldn't have very much to eat without bees. We should change how we farm or bees might ______.

7. Explosive Facts!

A Write the meaning of the words and phrases in Korean.

1. explosive
2. crust
3. underneath
4. mantle
5. be made up of
6. call *A B*
7. magma
8. surface
9. erupt
10. extinct volcano

B Listen to the passage and fill in the blanks.

We live on the Earth's ______, but it is really hot underneath. Under the crust is the ______. The mantle ______ hot, red rocks. We call it ______. This magma sometimes comes to the ______. Magma can erupt from volcanoes! We call it ______. Lava can only erupt from active volcanoes. There are over 1,900 active ______ on Earth! There are also volcanoes that are not ______. They won't erupt for a long time. The other volcanoes are extinct volcanoes, and they will never ______ again.

8. Cave of Wonders!

A **Write the meaning of the words and phrases in Korean.**

1. cave	6. enough
2. wonder	7. form
3. mysterious	8. erosion
4. natural	9. acid
5. hole	10. wear away

 **Listen to the passage and fill in the blanks.**

Caves are dark and ______________. They are large, natural ______________ leading into Earth's surface. They are big ______________ for people and animals to enter and live. How were these large ______________ made? Most were formed by ______________. Erosion happens when the ______________ in water wears away rock. It can take millions of years for rock to ______________. Son Doong in Vietnam is the ______________ cave in the world. It's over 2 million years old. It is much bigger than scientists first ______________. It's about 9 kilometers long!

9. From Birth to Death

Ⓐ **Write the meaning of the words and phrases in Korean.**

1. birth
2. living thing
3. life cycle
4. include
5. unique
6. hatch
7. caterpillar
8. protective
9. shell
10. pupa

 **Listen to the passage and fill in the blanks.** 🎧

All living things on Earth have a ______. This cycle always includes ______ and death. Each living thing has a ______ cycle between being born and dying. For example, butterflies start as an egg. Then, the egg ______ and a larva is born. It eats and grows into a ______. But it's still in the larva ______. Next, it builds a hard ______ shell around itself. It's a ______. After 10 to 14 days, an adult butterfly hatches from the ______. The butterfly then ______ eggs before it dies, and the cycle begins ______!

10. Sources of Energy

Ⓐ Write the meaning of the words and phrases in Korean.

1. electricity
2. generate
3. power plant
4. source
5. pollution
6. run out
7. improve
8. renewable
9. solar
10. wind power

Ⓑ Listen to the passage and fill in the blanks.

We use ________ for our computers and ________. That electricity is generated in power ________. Often, power plants use and burn non-renewable sources like coal, oil, or gas for ________. That's because they're ________ to get and use. But most non-renewable sources generate air and water ________. Also, they will ________ someday. These days, scientists are improving ________ energy sources. Solar energy comes from the ________, so it's renewable. Wind power and hydrogen energy are also ________ energy sources. They produce almost no ________ and will never run out.

II. Welcome to the Jungle

Ⓐ **Write the meaning of the words and phrases in Korean.**

1. jungle ______
2. breathe ______
3. oxygen ______
4. carbon dioxide ______
5. rainforest ______
6. equator ______
7. the middle of ______
8. wet ______
9. environment ______
10. billions of ______

 **Listen to the passage and fill in the blanks.** 🎧

We breathe in oxygen and ______ out carbon dioxide. Around 40% of Earth's oxygen comes from ______. You can find rainforests near the ______. The equator is a ______. It goes around the middle of the Earth. Rainforests have a ______ and ______ environment. Plants grow well there. In rainforests, billions of plants produde ______ and consume carbon dioxide. This helps ______ oxygen and carbon dioxide in ______. This balance is important for plant and ______ life on Earth. We can't breathe with too much or too little ______.

12. Coyotes in the Arctic

A **Write the meaning of the words and phrases in Korean.**

1. coyote
2. adaptive
3. North America
4. compete
5. territory
6. extinction
7. population
8. expand
9. Alaska
10. harsh

B **Listen to the passage and fill in the blanks.**

Coyotes are very ______ to their environment. In North America, wolves and coyotes ______ for food and territory. Wolves often killed people and farm animals. So, they were hunted to near ______. This caused the coyote ______ to grow and expand in the last 200 years. They even ______ into northern Canada and Alaska. The harsh, cold environment forced the coyotes to ______. Their ______ color slowly changed to white. It let them ______ better in the snow. Their fur also became thicker to ______ them from the harsh cold.

13. Powerful Flash Floods

A Write the meaning of the words and phrases in Korean.

1. flash flood
2. natural disaster
3. unexpectedly
4. rise
5. rainfall
6. heavy rain
7. raise
8. stream
9. property
10. deadly

B Listen to the passage and fill in the blanks.

Natural disasters can happen suddenly and ______. Flash floods are one type of ______. A flash flood is when ______ ______ rise within six hours of rainfall. Heavy rains or a broken dam ______ the water level of rivers or streams. The rising water moves ______ and quickly over land. It causes ______ to property. And it can be ______ to people. In 2013, a ______ in Kedarnath, India killed around 5,000 people! Local weather warnings can help you ______ these disasters. They can also tell you when to get to ______ ground.

14. Water and Iron

A Write the meaning of the words and phrases in Korean.

1. shape
2. useful
3. weapon
4. tool
5. serious
6. weakness
7. rust
8. decay
9. break apart
10. chemical

B Listen to the passage and fill in the blanks.

Iron is a strong metal. People can ________ it into useful things such as ________ and tools. People have used it for thousands of years. But, iron has a serious ________. It can ________ and decay, or break apart. Water and air cause a chemical reaction with ________. This ________ creates rust. Rust can make an iron tool ________. An iron tool outside in the rain will ________ in a few days. To protect iron from rust, you can ________ it with paint or oil.

15. Endangered Polar Bears

Write the meaning of the words and phrases in Korean.

1. endangered		6. hidden	
2. polar bear		7. be good at	
3. destroy		8. seal	
4. habitat		9. whale	
5. the Arctic		10. global warming	

Listen to the passage and fill in the blanks.

Humans are changing the ______. As our population grows and expands, we are destroying the ______ of several animals. Some animals fail to ______ to their changed habitats. Then, they become ______. Polar bears are adapted to live in the Arctic. Their white fur keeps them warm and ______. They are good at ______ seals and whales in Arctic waters. However, ______ ______ is melting the Arctic ice. Polar bears' habitats are ______ and disappearing. They cannot ______ south of the Arctic. Soon, they may only live in zoos.

16. Waves of Energy

A **Write the meaning of the words and phrases in Korean.**

1. wave
2. travel
3. electromagnetic
4. vacuum
5. matter
6. outer space
7. radio wave
8. satellite
9. microwave
10. in minutes

B **Listen to the passage and fill in the blanks.**

How can sunlight ______ through space to Earth? It's because light is a type of ______ wave(EW). EWs are ______, and they can travel through a vacuum. A ______ is a place with no matter in it, like outer space. Radio ______ are another type of EW. The waves can travel from your phone to a ______ in space. The satellite can then ______ those waves to someone on the other side of the world! ______ are also electromagnetic. They travel very fast, and they can cook food ______!

17. The Journey of the Moon

A **Write the meaning of the words and phrases in Korean.**

1. journey
2. a little
3. go through
4. phase
5. new moon
6. appear
7. reflect
8. little
9. eventually
10. full moon

B **Listen to the passage and fill in the blanks.**

Every night, the ________ looks a little different. That's because each night it is at a different stage of its ________. The moon travels around the Earth in 29.53 days. Each month, the moon goes ________ 8 ________. The first phase is the ________ moon. New moons ________ very small because they ________ little of the sun's light. It eventually grows into a ________ ________. It reflects the sun's light like a ________. Over the next phases, the moon appears smaller and smaller. Then, it ________ to a new moon.

18. Roles in the Food Chain

Ⓐ Write the meaning of the words and phrases in Korean.

1. food chain
2. be made up of
3. producer
4. consumer
5. decomposer
6. take a look at
7. plain
8. produce
9. ground
10. worm

 Listen to the passage and fill in the blanks.

Plants and animals live in a ______. All habitats have a ______. Food chains are made up of ______, consumers, and decomposers. Let's take a look at an ______ in a habitat like the African plains. Plants and grass produce energy from the sun and the ______. These producers are then eaten by a ______, such as a zebra. The zebra uses the plant's energy to ______. When the zebra dies, it ______ to the ground. Decomposers, such as ______ and bacteria, turn the zebra's energy into the ______. Producers then use that energy to make food!

19. Four Important Spheres

Write the meaning of the words and phrases in Korean.

1. sphere
2. consist of
3. system
4. biosphere
5. include
6. geosphere
7. mineral
8. hydrosphere
9. atmosphere
10. surround

Listen to the passage and fill in the blanks.

The Earth consists of four ______ . We call them ______ . The first system is the biosphere. It ______ all living things on Earth. Next, the geosphere system is all of the rock and ______ on Earth. All of the water on Earth is part of the ______ . Finally, the atmosphere is the gases or air, and it ______ Earth. These 4 systems are all ______ connected. For example, ______ from the atmosphere causes ______ in the geosphere. All the plants and animals of the ______ need water from the hydrosphere.

20. Twinkle, Twinkle, Little Star

Ⓐ **Write the meaning of the words and phrases in Korean.**

1. twinkle
2. apparent magnitude
3. measure
4. brightness
5. distance
6. absolute magnitude
7. far away

Ⓑ **Listen to the passage and fill in the blanks.**

Why do some stars in the sky look ________ than others? The ________ magnitude of a star is how bright it looks to us. We measure it with the brightness of the ________ and its ________ from Earth. The sun appears really bright. That's because it's very large and ________ to Earth. However, the absolute magnitude is how ________ a star really is. Many stars ________ ________ in space are bigger and brighter than the sun. But they appear less bright than the sun. They have a ________ absolute magnitude than their apparent magnitude.

21. Neighborhoods *vs.* Communities

Ⓐ **Write the meaning of the words and phrases in Korean.**

1. neighborhood		6. neighbor	
2. community		7. physical	
3. confused		8. on the other hand	
4. put up		9. race	
5. difference		10. occupation	

 **Listen to the passage and fill in the blanks.**

When the teacher was explaining something, I was ____________ . So I put up my hand. "What's the ____________ between a neighborhood and a community? I don't get it." He answered, "A ____________ is where you and your neighbors live. It's a ____________ place, and you can find it on a ____________ . My neighborhood is in South Chicago. On the other hand, a ____________ is a group of people, and they have something in ____________ such as race, occupation, or ____________ . In my neighborhood, for example, we have a large Asian community and a community of ____________ ."

22. Merry Kwanzaa!

Write the meaning of the words and phrases in Korean.

1. African American
2. holiday
3. connect *A* to *B*
4. traditional
5. celebrate
6. identity
7. flag
8. prepare
9. feast
10. rhythm

Listen to the passage and fill in the blanks.

Most African Americans ______ ______ early on December 26. It's the first day of Kwanzaa. Kwanzaa is an African American ______. It connects African Americans to their ______ African culture. They celebrate their African ______. African families in America put up African ______. And they ______ a large feast. They have the ______ together with family and friends. Then, they play traditional African ______. Everyone dances to the ______. January 1 is the last day of Kwanzaa. Time to open the Kwanzaa ______!

23. What You Can Buy

A Write the meaning of the words and phrases in Korean.

1. good ________
2. service ________
3. physical ________
4. meal ________
5. cost ________
6. earn ________
7. provide ________
8. customer ________
9. skill ________
10. effort ________

 **Listen to the passage and fill in the blanks.**

What do you usually ________ with your money? Money can be used to buy ________ or services. Goods are ________ things, so you can see or touch them. A meal from a restaurant is a good. It takes money to make goods, so it ________ money to buy them. ________ are what people do to earn money. Servers in a restaurant ________ a service by bringing the ________ to customers. Their time, skill, and ________ cost money. Customers ________ for both goods and services at places like stores and restaurants.

24. Remembering Heroes

A **Write the meaning of the words and phrases in Korean.**

1. soldier
2. take part in
3. Memorial Day
4. dedicated
5. fallen
6. Civil War
7. citizen
8. sacrifice
9. cemetery
10. grave

B **Listen to the passage and fill in the blanks.**

Soldiers keep their countries safe. Sometimes, they ______ in a war, and even give their lives to ______ their countries. Memorial Day in America is a holiday dedicated to ______ soldiers. It was started in 1868 after the American ______ ______. American citizens remember their soldiers' ______ on Memorial Day. They visit ______ and bring flowers. Many volunteers place American flags on soldiers' ______. Memorial Day is on the last Monday of May. Most workers and students have the ______ ______. It is important not to forget the ______ sacrifice soldiers made.

25. A Good Source of Information

Ⓐ **Write the meaning of the words and phrases in Korean.**

1. Roman
2. politician
3. primary
4. primary source
5. past
6. journal
7. modern times
8. historian
9. appearance
10. ancient

 **Listen to the passage and fill in the blanks.** 

Julius Caesar is in many ______ museums and books. He lived over 2,000 years ago. He was a Roman ______. We know about his life from ______ sources. Primary sources are ______ and pictures from the past. Caesar kept a journal, and it survived until ______ ______. Historians learned a lot about his life from his ______. We can also see Caesar's ______ on ancient Roman coins. These primary sources help us ______ people from the past. Without them, much of their past would be a ______.

26. Money and Interest

Write the meaning of the words and phrases in Korean.

1. interest
2. piggy bank
3. adult
4. regular
5. keep *A* safe
6. meanwhile
7. lend
8. borrower
9. on time
10. earn

Listen to the passage and fill in the blanks.

Where do you ______ your money? Most kids have a piggy bank or another ______ place to keep their money. Most adults use ______ banks. Banks keep peoples' money safe and pay ______ for it. Interest is the ______ of money. So, you can make money by saving it in a ______. Meanwhile, banks use ______'saved money. They ______ it to other people. The ______ must pay back the money on time and pay interest for it to the bank. In this way, interest lets both people and banks ______ some money.

27. Laws and Rules

A **Write the meaning of the words and phrases in Korean.**

1. law
2. rule
3. government
4. function
5. politician
6. against
7. steal
8. universal
9. local
10. resident

B **Listen to the passage and fill in the blanks.** 

Parents and teachers make ________ to keep children safe. The government also makes rules to keep ________ safe. It's one of the many ________ of a government. Politicians make ________ for citizens to follow. They can make laws against killing and ________, for example. Those are ________ laws. Every country has these laws. However, ________ often make ________ laws. These laws are important to the ________ in that area. In Singapore, for example, it's ________ the law to feed pigeons. But in most other countries, you can!

28. Some Help from Pocahontas

Write the meaning of the words and phrases in Korean.

1. settler
2. Native American
3. attack
4. capture
5. captain
6. chief
7. tribe
8. mercy
9. symbol
10. peace

Listen to the passage and fill in the blanks.

Life was ______ in Jamestown, Virginia. In 1607, English ______ built a town there. But, they couldn't ______ or find enough food. The Native Americans often ______ their town. One day, they ______ John Smith, the ______ of the settlers. The ______ of the tribe wanted to kill Smith. His daughter felt ______ and saved Smith. Soon, Smith became friends with the ______. Pocahontas showed the English the way to grow and find food. She became a ______ of peace between the two groups. Today, we can even see Pocahontas' story in a Disney ______!

29. The Value of Gold

Ⓐ **Write the meaning of the words and phrases in Korean.**

1. value
2. expensive
3. supply
4. demand
5. good
6. valuable
7. the amount of
8. everywhere

 **Listen to the passage and fill in the blanks.**

Why is gold more ______ than water? It's because of ______ and demand. If many people want to buy a ______, then there is high ______. High demand makes something more ______. Supply is the ______ ______ a good in markets. Low supply of a good makes it more valuable. Many people want to buy gold or water, so both have high ______. Water is everywhere, but there isn't ______ gold in the world. So, ______ demand and ______ supply makes gold more expensive than water.

30. Folktales in Folklore

A Write the meaning of the words and phrases in Korean.

1. folktale
2. folklore
3. pass down
4. generation
5. preserve
6. continue
7. over time
8. lesson
9. honesty
10. kindness

B Listen to the passage and fill in the blanks.

Folklore is the stories and traditions of a ________. They are passed down from ________ to generation. This helps ________ and continue the culture ________ ________. Folktales are an important part of ________. Every culture has its own ________ of folktales. In Europe, these stories often begin with, "Once upon a time..." Parents teach their children through these stories. Folktales often teach children ________ about honesty, kindness, or ________. Some famous ________ include *The Little Red Hen* and *Cinderella*. What folktales have your parents ________ ________ to you?

31. Slavery in America

A Write the meaning of the words and phrases in Korean.

1. slavery
2. common
3. colonial
4. plantation
5. owner
6. slave
7. own
8. property
9. return
10. hut

 **Listen to the passage and fill in the blanks.**

Slavery was common in ______ America. In the 18th century, ______ owners used African slaves for farmwork. These ______ lived on the plantation and were owned like ______. After working all day in the hot sun, they returned to their ______. The whole family lived and slept on the ______ of their small huts. ______ was often rice, beans, or other plants. Meat was usually only for the plantation ______. Slaves owned few ______ and no money. They just had some ______ for sleeping and dishes for cooking.

32. Gold Rush in California

Write the meaning of the words and phrases in Korean.

1. gold rush
2. rush
3. the State of
4. discover
5. spread
6. bring
7. business
8. equipment
9. miner
10. businessman

Listen to the passage and fill in the blanks.

John Marshal helped ________ the State of California. In 1848, he discovered gold in California. The news soon ________ around the world. Anyone could find ________ gold there! At the time, only about 1,000 Americans lived in California. The ________ to find gold brought over 300,000 people from around the world there. Most could not find any gold. But many ________ made a lot of money. They sold food, clothes, and equipment to the ________. The miners and ________ needed roads, churches, and schools. So the ________ built them.

33. An Entrepreneur in the Animation Industry

A **Write the meaning of the words and phrases in Korean.**

1. entrepreneur
2. industry
3. millions of
4. animated
5. fire
6. reject
7. successful
8. face
9. risk
10. failure

 **Listen to the passage and fill in the blanks.**

These days, millions of people enjoy ________ shows and movies. Walt Disney was the first to ________ one, and it became popular. He was an ________ with a great idea. He wanted to ________ his drawings and characters into a ________. TV shows at the time only had real actors in them. His idea was to make TV shows and movies with his animated ________. But, he was ________ and rejected over 300 times before becoming ________! Entrepreneurs like Disney ________ risks and failure. But they also have ________ for great success!

34. Women's Right to Vote

A Write the meaning of the words and phrases in Korean.

1. right		6. suffrage	
2. vote		7. main	
3. legal		8. goal	
4. movement		9. form	
5. equal		10. political	

Listen to the passage and fill in the blanks.

Just 100 years ago in America, women had few legal ______. They couldn't ______, own homes, or do most jobs. The women's rights ______ began in the 1800s. They fought for ______ rights. The right to vote, Women's ______, was their main goal. But, the laws of the United States did not ______ them to vote. They formed ______ groups to change the law. Susan B. Anthony was an important ______ of these groups. Because of their ______, the law was changed. Women now have equal ______ rights.

35. Balance of Power

Write the meaning of the words and phrases in Korean.

1. balance
2. branch
3. Congress
4. Congressman
5. president
6. leader
7. final
8. judge
9. remove
10. check

Listen to the passage and fill in the blanks.

Three branches of the American government ______ each other's power. The first branch is ______. Congressmen can create new ______. The next branch is the ______. He is the leader of the country. The final branch is the ______. Judges can change or ______ laws. Each branch can ______ the power of the other branches. This makes sure that all three ______ follow the law. They even have the power to ______ the actions of other branches. For example, the President can ______ new laws of Congress. Congress can even ______ to remove judges or the President.

36. The Trail of Tears

A **Write the meaning of the words and phrases in Korean.**

1. trail		6. removal	
2. southern		7. act	
3. population		8. territory	
4. expand		9. homeland	
5. pass		10. soldier	

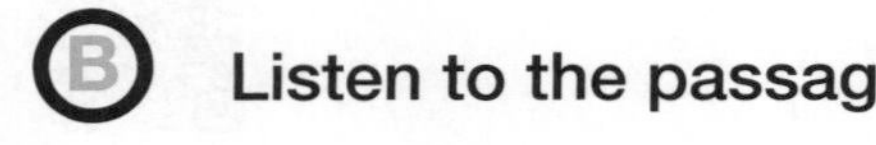

B **Listen to the passage and fill in the blanks.**

Before 1830, Native Americans lived free in the _______ USA. But, the American _______ was growing quickly. They wanted to _______ into Native American lands. The government passed the Indian _______ Act. This law created the Indian _______ in Oklahoma. This territory was very _______ _______ from the Native Americans' _______. Government soldiers _______ the Native Americans thousands of kilometers to their new home. There wasn't much food, and the _______ took months. Thousands of Native Americans became sick and died. That's why it's remembered as the _______ of Tears.

37. Choices Have Costs

A **Write the meaning of the words and phrases in Korean.**

1. choice		6. measure	
2. economics		7. education	
3. opportunity cost		8. happiness	
4. decide		9. imagine	
5. valuable		10. choose	

 **Listen to the passage and fill in the blanks.** 

In economics, opportunity cost is the _____ you lose when you make a choice. Every _____ has a value and a cost. Sometimes we have to _____ between two valuable choices. But value and costs are not just _____ in money. For example, friendship, education, and happiness all have _____. Imagine you should choose to play or study. Both activities are _____. When you choose to play, you are happy. But the _____ _____ is knowledge. Choosing to study can allow you to gain _____, but losing fun is the opportunity cost.

38. Two Kinds of Democracy

Ⓐ Write the meaning of the words and phrases in Korean.

1. democracy
2. democratic
3. rule
4. citizen
5. direct
6. vote
7. decision
8. representative
9. election
10. equal

 **Listen to the passage and fill in the blanks.**

Democratic ______ are ruled by its citizens. There are two different kinds of ______. In a direct democracy, citizens meet and ______ for every decision of the government. Most countries are too large and their citizens are too busy for a ______ democracy. Instead, in a ______ democracy, citizens choose government leaders. Citizens vote for leaders in free and fair ______. It's important all citizens have the ______ right to vote in a representative democracy. These leaders ______ the citizens and make ______ for them. America, France, and India are ______ of representative democracies.

39. For Common Good: The US Constitution

Ⓐ Write the meaning of the words and phrases in Korean.

1. common		6. a set of	
2. constitution		7. imagine	
3. author		8. society	
4. include		9. believe	
5. founder		10. limited	

Listen to the passage and fill in the blanks.

The US __________ was written in 1787. Its authors included George Washington, Ben Franklin, and other early __________ of America. The Constitution is a set of __________. It says how the American government __________. The founders __________ a new kind of free society. At that time, some __________ in Europe had a powerful king and queen. Unlike them, the founders believed that governments should have __________ power. They __________ the Constitution to give __________ control of the government. A limited government and __________ citizens helped America grow and become powerful.

40. Human Rights for All

Ⓐ Write the meaning of the words and phrases in Korean.

1. human right
2. the Bill of Rights
3. allow *A* to *B*
4. freely
5. safely
6. speech
7. arrest
8. opinion
9. protest
10. innocent

Listen to the passage and fill in the blanks. 🎧

The Bill of Rights allows American citizens to live freely and safely. James Madison created it in 1789. The basic ______ ______ from it are now common in ______ everywhere. One important right is freedom of ______. With this right, citizens cannot be ______ for giving their opinions. They can even ______ government decisions. Other human rights make laws ______ for citizens. For example, citizens are ______ until judges prove them ______ in modern democracies. Another basic right is ______ of religion. Citizens are free to choose and follow any ______.

41. All American Sound

A. Write the meaning of the words and phrases in Korean.

1. banjo
2. string
3. string instrument
4. pluck
5. though
6. look like
7. produce
8. unique
9. popular
10. traditional

B. Listen to the passage and fill in the blanks.

Can you play the banjo? How about the ______ ? Both are string ______ . Sounds are made by ______ their strings. Thicker or longer ______ make lower sounds. Thinner or ______ strings make higher sounds. Banjos and guitars ______ different though. That's because banjos have a different ______ than guitars. The body of a banjo is round and looks like a ______ . This produces a ______ sound. It is popular in ______ American music. You can hear that sound in a song like "Old Suzanna."

42. Are You in 2D or 3D Shape?

Ⓐ **Write the meaning of the words and phrases in Korean.**

1. dimension
2. in other words
3. height
4. length
5. width
6. either *A* or *B*
7. add
8. cube
9. sphere

Ⓑ **Listen to the passage and fill in the blanks.**

You and I have three dimensions (3D). In other words, we have ______, length, and width. But a picture or drawing of you only has two ______ (2D). It only has height and ______. The same is true for some ______, and they can be ______ 3D ______ 2D. Sometimes, you can take a 2D shape and add ______ to make a 3D shape. If you give a ______ width, it becomes a ______. A 2D ______ becomes a 3D sphere. What are some other 3D shapes?

43. Is That Number Prime or Composite?

A **Write the meaning of the words and phrases in Korean.**

1. prime number
2. composite number
3. count
4. whole number
5. distunguish
6. divide
7. remainder

B **Listen to the passage and fill in the blanks.**

We can ______ whole numbers. Whole numbers ______ than 1 can either be prime or composite numbers. How do we ______ between prime numbers and composite numbers? It's easy! Prime numbers can only be divided without ______ by 1 or the prime number itself. Is 3 a ______ ______? Yes, because 3 can only be ______ without remainder by 1 or 3. How about 4? Is it a ______ number? No, because 4 can also be divided by 2 ______ remainder. It is a ______ number. Is 5 a prime or composite number?

44. A Story About Seasons

Write the meaning of the words and phrases in Korean.

1. ancient
2. Greek
3. godness
4. harvest
5. fall in love with
6. underworld
7. agree
8. return

Listen to the passage and fill in the blanks.

The Ancient ______ had a story about how Demeter changed the ______. There was only one season before this story. Demeter was goddess of the ______. Long ago, the god Hades ______ ______ love with Demeter's daughter, Persephone. But she didn't love him back. He took Persephone to the ______. Demeter was ______ so she didn't allow any plants to grow. Hades agreed to let Persephone ______ for six months every year. During those six months, Demeter was happy and everything ______. People call this season ______. People call the season when nothing grows ______.

45. A Joyful Day of the Dead

Ⓐ Write the meaning of the words and phrases in Korean.

1. joyful
2. the dead
3. gather
4. ancestor
5. spirit
6. cemetery
7. celebration
8. altar
9. grave
10. skeleton

Listen to the passage and fill in the blanks.

In Mexico, the Day of the ______ is an important ______. Families gather together to ______ their ancestors. On this day, they believe the ______ of the dead can join their families again. It may sound sad and a bit ______, but it's a joyful ______. Families make altars in their homes. Then, they put their ______' favorite food and drinks there. After that, they bring gifts to their ancestors' ______. Often, they wear ghost or ______ costumes. On the Day of the Dead, the ______ are full of celebration!

46. Country Music Is Still Alive

Ⓐ Write the meaning of the words and phrases in Korean.

1. country music
2. genre
3. appear
4. folk music
5. Ireland
6. Scotland
7. European
8. lyrics
9. romance
10. struggle

 Listen to the passage and fill in the blanks.

Millions of Americans love country music. It's a popular ________ of music. It first appeared around 100 years ago with ________ folk music from Ireland and Scotland. And then, it changed and ________ with other cultures when Europeans moved into North America. Folk music usually uses guitars and ________. Modern country music still uses these ________. The songs tell stories about life outside of big cities. The lyrics are about ________, struggles, ________, and traditions. In America, country music ________ to grow and change, and it is still ________ today!

47. Wonderful Towers of Watts

Write the meaning of the words and phrases in Korean.

1. impressive
2. object
3. sculpture
4. structure
5. garbage
6. collect
7. tool
8. passionate
9. artwork
10. eventually

Listen to the passage and fill in the blanks.

Simon Rodia created ________ art by finding ________ himself and using only them. In Watts, California, he created ________ and structures from garbage. He ________ it because he didn't have much money. Rodia did all of this work alone, and with ________ tools. He was ________ about his artwork. He spent 34 years working on it! His work ________ covered an 800-meter-long area of Watts. He made many tall ________ in this area. The tallest was over 30 meters high! Today, the Watts Towers is a popular ________ museum.

48. Understanding Idioms

A **Write the meaning of the words and phrases in Korean.**

1. idiom
2. creative
3. express
4. language
5. grammar
6. use
7. bucket
8. literally
9. literal
10. punch

B **Listen to the passage and fill in the blanks.** 

Idioms are creative and ______ ways to express language in a certain culture. You cannot understand idioms simply by knowing ______ or the words in the idiom. You can only understand them by their popular ______. What does it mean when someone kicked the ______? It usually doesn't mean ______ that a person really kicked a bucket. It means that someone died. Here's another ______: I hit the books! The literal ______ is that I punched the books. It really means that I studied. What do you think "______ the beans" means? It means to ______ a secret!

49. Painting with Points

Ⓐ Write the meaning of the words and phrases in Korean.

1. painting
2. point
3. Pointillism
4. dot
5. image
6. closely
7. individual
8. blend
9. describe
10. performer

 **Listen to the passage and fill in the blanks.**

Pointillism is a ________ way to paint pictures. It uses ________ or points of color to create ________. If you look closely, you can see many ________ points. If you look from far away, it looks like a regular ________. That's because the points of color appear to ________ together. Georges Seurat was a French artist, and he created ________ in the 1800s. He made some ________ paintings, such as *The Circus*. It describes the circus ________ and people watching them. And, it is made up of ________ colored dots!

50. The Declaration of Independence

A **Write the meaning of the words and phrases in Korean.**

1. The Declaration of Independence
2. British
3. colony
4. colonist
5. respect
6. support
7. liberty
8. pursuit
9. state
10. independent

B **Listen to the passage and fill in the blanks.**

Long ago, America was a British ________. But the American colonists were angry at the ________ government. That's because they never ________ Americans. So on July 4, 1776, Thomas Jefferson wrote The ________ of Independence. Let's take a look at part of it. "All men are equal and certain basic ________ support them. These are life, liberty, and the ________ of happiness." Also, the Declaration stated why Americans should be ________. It said that Britain had no right to ________ Americans. Following the Declaration of Independence, America started its fight for ________.

Answer Key
정답 및 해석

Answer Key

Unit 1 온혈 동물 p.12

여러분과 저와 같은 포유류는 동물의 한 종류입니다. 우리는 온혈이어서 체온을 일정하게 유지합니다. 우리의 체온은 따뜻하거나 시원한 환경에서 동일합니다. 포유류는 각기 다른 방법으로 체온을 동일하게 유지합니다. 우리는 너무 더우면 땀을 흘립니다. 땀은 우리 몸을 시원하게 해 줍니다. 개는 시원하게 하기 위해 혀를 내밉니다. 우리는 너무 서늘하면 몸을 떱니다. 그렇게 하면 우리 몸이 따뜻해지기 때문입니다. 개도 따뜻하게 하기 위해 몸을 떱니다. 따뜻하게 하고 시원하게 하는 것은 우리와 같은 온혈 포유류에게는 쉽습니다!

Read and Complete

1. 포유류는 체온을 바꾸지 않습니다. change
2. 사람들은 시원하게 하기 위해 땀을 흘립니다. sweat

Comprehension Checkup

A. 1. 포유류의 예가 아닌 것은 무엇입니까? ⓐ
ⓐ 물고기 ⓑ 개 ⓒ 사람
2. 사람들은 추우면 무엇을 합니까? ⓐ
ⓐ 몸을 떤다 ⓑ 잠을 잔다 ⓒ 땀을 흘린다
3. 더운 환경에서 개들은 무엇을 할까요? ⓒ
ⓐ 개들은 몸을 떨 것이다.
ⓑ 개들은 땀을 흘릴 것이다.
ⓒ 개들은 혀를 내밀 것이다.
ⓓ 개들은 체온을 바꿀 것이다.
4. 포유류에 대해 틀린 것은 무엇입니까? ⓓ
ⓐ 그들은 온혈이다.
ⓑ 그들은 동물의 한 종류다.
ⓒ 그들은 체온을 동일하게 유지한다.
ⓓ 그들은 모두 같은 방법으로 시원하게 하고 따뜻하게 한다.

B. 포유류는 체온을 ①동일하게 유지합니다. 사람들은 시원하게 하기 위해 땀을 흘립니다. 또한, 그들은 ②따뜻하게 하기 위해 몸을 떱니다.
① same ② warm

Wrap Up

① body ② cool ③ sweat ④ shiver

포유류는 어떻게 체온을 유지하나요?	
• 시원하게 하기 위해서	▸ 그들은 땀을 흘립니다.
• 따뜻하게 하기 위해서	▸ 그들은 몸을 떱니다.

Unit 2 빛으로 의사소통하기 p.14

사람들은 전화기나 라디오 이전에는 어떻게 의사소통을 했을까요? 빛은 우리가 장거리에서 의사소통을 하는 데 도움이 됐습니다. 빛을 번쩍여서 메시지를 부호처럼 보냈습니다. 사무엘 모스는 1840년대에 대중적인 부호를 개발했습니다. 모스 부호는 길고 짧은 진동을 사용합니다. 진동은 빛이나 소리의 번쩍임입니다. 각각의 알파벳 글자는 고유의 진동 패턴이 있습니다. 예를 들어, 'S'는 세 번의 짧은 진동입니다. 'O'는 세 번의 긴 진동입니다. 배들은 의사소통을 하기 위해 빛과 모스 부호를 사용했습니다. 가라앉는 배는 SOS라고 진동을 보내곤 했습니다. 그것은 당장 도와달라는 의미입니다!

Read and Complete

1. 사람들은 장거리에서 빛으로 의사소통을 했습니다. lights
2. 사무엘 모스는 진동으로 대중적인 부호를 개발했습니다. code

Comprehension Checkup

A. 1. 모스 부호는 언제 개발되었습니까? ⓒ
ⓐ 최근에 ⓑ 몇 년 전에 ⓒ 100년도 더 전에
2. 진동은 무엇입니까? ⓐ
ⓐ 빛의 번쩍임 ⓑ 메시지가 담긴 코드 ⓒ 글자의 패턴
3. 각 알파벳 글자의 부호는 어떻게 다릅니까? (두 개의 정답을 고르세요.) ⓐ, ⓓ
ⓐ 진동의 길이 ⓑ 빛의 종류
ⓒ 진동의 강도 ⓓ 진동의 횟수
4. 글쓴이는 왜 가라앉는 배를 언급합니까? ⓒ
ⓐ 빛의 진동을 묘사하려고
ⓑ 모스가 어떻게 부호를 개발했는지 설명하려고
ⓒ 모스 코드 사용의 예를 들려고
ⓓ 몇몇의 알파벳 문자를 강조하려고

B. 오래 전에, 사람들은 장②거리에서 ①의사소통하기 위해 빛을 사용했습니다. 모스 부호는 ③번쩍이는 빛을 사용하고, 우리는 그것들을 진동이라 부릅니다. 우리는 진동으로 메시지를 보낼 수 있습니다.

① communicate ② distances ③ flashing

Wrap Up

① long ② flash ③ alphabet ④ pulse

모스 부호	
용도	• 장거리에서 의사소통을 하기 위해서
방법	• 빛의 번쩍임을 진동으로 사용해서 • 길거나 짧은 진동 패턴으로 알파벳 철자를 만들어서

Unit 3 자연으로부터의 디자인 p.16

식물과 동물은 믿을 수 없을 정도로 놀랍습니다. 그들은 그들이 환경에서 살아남는 데 도움을 주는 독특한 특성을 가졌습니다. 때때로 과학자들은 유용한 것들을 만들기 위해 자연의 디자인을 사용합니다. 여러분은 벨크로가 자연에서 온 발명품인 것을 알고 있었나요? 1941년에, 조지 드 메스트랄은 그의 개의 털에서 '버'를 발견했습니다. 버는 뾰족뾰족한 씨앗으로 끝부분에 작은 고리들이 있습니다. 이 고리들은 옷과 머리카락에 달라붙습니다. 조지는 버의 디자인에서 훌륭한 아이디어를 얻었습니다. 그는 면 소재로 최초의 벨크로를 만들어 냈습니다. 벨크로는 서로 달라붙고 쉽게 떨어집니다. 여러분은 아마 전에 신발이나 가방에서 벨크로를 사용한 적이 있을 겁니다!

Read and Complete

1. 자연의 디자인은 식물과 동물이 살아남는 데 도움을 줍니다.
   survive
2. 버는 작고 뾰족뾰족한 고리들이 있어서, 옷에 달라붙습니다.
   hooks

Comprehension Checkup

A. 1. 과학자들은 자연의 디자인을 어떻게 사용합니까? ⓐ
ⓐ 유용한 것들을 만들면서 ⓑ 그들의 환경을 바꾸면서
ⓒ 자연적인 것으로 상품을 만들면서
2. 조지 드 메스트랄은 어디에서 버를 발견했습니까? ⓒ
ⓐ 그의 신발에서 ⓑ 그의 옷에서 ⓒ 그의 개의 털에서
3. 버의 어떤 특징이 메스트랄에게 벨크로에 대한 아이디어를 주었습니까? ⓒ
ⓐ 버와 플라스틱을 연결하기가 쉽다.
ⓑ 버의 뾰족뾰족한 씨앗은 빠르고 쉽게 자란다.
ⓒ 버의 고리들은 쉽게 달라붙고 떨어진다.
ⓓ 버는 씨앗 안에 뾰족뾰족한 고리들이 많다.
4. 벨크로에 대해 틀린 것은 무엇입니까? ⓐ
ⓐ 그것은 개의 털에 있다.
ⓑ 그것은 자연으로부터 온 디자인이다.
ⓒ 그것은 쉽게 달라붙고 떨어진다.
ⓓ 그것은 신발이나 가방에 사용될 수 있다.

B. 사람들은 유용한 것들을 만들기 위해 자연의 ①디자인을 사용합니다. ②벨크로는 ③버의 디자인에서 유래한 것입니다.
① designs ② Velcro ③ burr

Wrap Up

① spiky ② hair ③ stick ④ shoes

버	벨크로
• 작은 고리가 달린 뾰족한 씨앗 • 작은 고리는 옷이나 머리에 달라 붙습니다	• 버의 디자인으로 발명된 • 서로 달라붙고 쉽게 떨어집니다 • 신발이나 가방에 사용되는

Unit 4 인도날여우박쥐 p.18

메나와 아빠는 인도에 있는 그들의 마을 외곽에 있는 숲에 있었습니다. 그들은 나무에 매달려 있는 수백 마리의 여우를 보았습니다. 이 여우들은 이상한, 가죽 같은 팔이 있었습니다. "아빠, 전 무서워요." 메나가 말했습니다. 아빠는 미소 지으며 대답했습니다. "저것들은 인도날여우박쥐란다, 아들아. 저것들은 사실 박쥐의 한 종류야. 저것들은 종종 질병을 옮기기 때문에 조금 무섭기도 해. 하지만 그것들은 과일, 꽃, 곤충들만 먹는단다. 인도날여우박쥐는 꿀을 마시면서 꽃의 수분을 돕기도 해. 그래서 그것들은 환경에서 중요한 부분이야."

Read and Complete

1. 인도날여우박쥐는 인도의 숲에 삽니다. India
2. 인도날여우박쥐는 이상한, 가죽 같은 팔을 갖고 있습니다.
   leathery

Comprehension Checkup

A. 1. 메나는 어디에서 인도날여우박쥐를 발견했습니까? ⓐ
ⓐ 나무에서 ⓑ 자기 마을에서 ⓒ 꽃 근처에서
2. 인도날여우박쥐는 어떤 종류의 동물입니까? ⓑ
ⓐ 여우 ⓑ 박쥐 ⓒ 곤충
3. 인도날여우박쥐는 왜 위험합니까? ⓐ
ⓐ 그들은 질병을 옮길 수 있다.
ⓑ 그들은 이로운 곤충을 잡아먹는다.
ⓒ 그들은 마을 주변을 날아다닌다.
ⓓ 그들은 이상한 가죽 같은 팔이 있다.

4. 인도날여우박쥐에 대해 틀린 것은 무엇입니까? ⓓ
ⓐ 그들은 꽃이 수분하는 것을 돕는다.
ⓑ 그들은 과일을 먹고 꿀을 마신다.
ⓒ 그들은 박쥐이지만, 여우처럼 생겼다.
ⓓ 그들은 먹이를 구하기 위해 사람들에게 겁을 준다.

B. 인도날여우박쥐는 인도에서 발견됩니다. 그들은 ②질병을 옮길 수 있기 때문에 ①무서울 수도 있습니다. 하지만 인도날여우박쥐는 꽃을 ③수분하면서 환경에 도움을 줍니다.
① scary ② diseases ③ pollinating

Wrap Up
① leathery ② diseases ③ pollinate
④ environment

인도날여우박쥐	
신체 특징	이상한, 가죽 같은 팔을 가지고 있습니다
위험성	질병을 옮깁니다
장점	꽃이 수분하는 데 도움을 줍니다 ▸ 환경에 좋은

Unit 5 소리는 이동합니다 p.20

저는 재료공학자입니다. 저는 특히 나무와 금속 같은 재료를 연구합니다. 저는 그것들이 소리를 얼마나 잘 흡수하는지 알아봅니다. 소리는 파동으로 이동합니다. 소리 파동은 재료에 의해 흡수되거나 그것을 통과할 수 있습니다. 천, 스펀지, 판지 같은 부드러운 재료는 소리를 잘 흡수합니다. 건축업자들은 소리가 이동하는 것을 막기 위해 이런 소재들을 벽 안에 넣습니다. 나무와 유리 같은 단단한 재료는 소리를 잘 흡수하지 않습니다. 음파는 대개 이런 재료에서 튕겨 나옵니다. 건축업자들은 소리가 구역에 들어오는 것을 막기 위해 이런 단단한 재료도 사용합니다.

Read and Complete
1. 부드러운 재료는 소리가 이동하는 것을 막습니다.
stop/block
2. 단단한 재료는 소리를 잘 흡수하지 않습니다. Hard

Comprehension Checkup
A. 1. 어느 재료가 소리를 잘 흡수합니까? ⓒ
ⓐ 나무 ⓑ 유리 ⓒ 스펀지
2. 소리는 어떻게 이동합니까? ⓐ
ⓐ 파동으로 ⓑ 재료 안에서 ⓒ 튕기면서
3. 건축업자들은 어떻게 벽을 방음으로 만듭니까? ⓑ
ⓐ 그들은 부드러운 재료로 벽을 만든다.
ⓑ 그들은 벽 안에 부드러운 재료를 넣는다.
ⓒ 그들은 더 두껍고 더 높은 벽을 만든다.
ⓓ 그들은 벽을 천이나 판지로 덮는다.
4. 소리 파동에 대해 틀린 것은 무엇입니까? ⓒ
ⓐ 그것들은 단단한 재료에서 튕겨 나온다.
ⓑ 그것들은 천에 의해 흡수될 수 있다.
ⓒ 그것들은 부드러운 재료를 통과한다.
ⓓ 때때로 그것들은 이동이 막히기도 한다.

B. 소리는 ①파동으로 이동합니다. 부드러운 재료는 소리를 잘 ②흡수합니다. 반면에, 소리 파동은 단단한 재료에서 ③튕겨 나옵니다.
① waves ② absorb ③ bounce

Wrap Up
① soft ② hard ③ absorb ④ bounce

소리는 이동합니다		
구분	종류	소리의 이동
• 부드러운 재료	▸ 천, 스펀지, 판지	▸ 소리를 잘 흡수합니다
• 단단한 재료	▸ 나무, 금속, 유리	▸ 음파가 이런 재료에서 튕겨 나옵니다

WORD REVIEW

Unit 1 ~ 5 p.22

A.

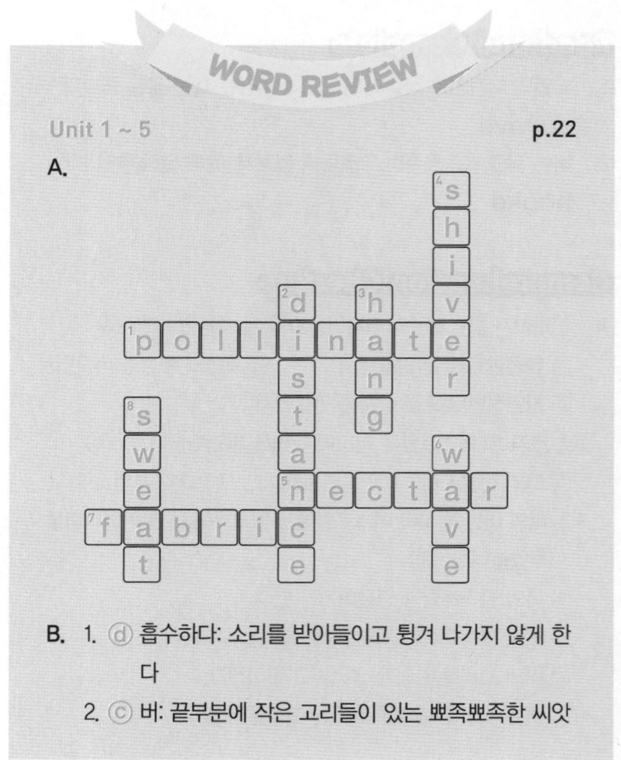

B. 1. ⓓ 흡수하다: 소리를 받아들이고 튕겨 나가지 않게 한다
2. ⓒ 버: 끝부분에 작은 고리들이 있는 뾰족뾰족한 씨앗

3. ⓐ 진동, 파동: 빛이나 소리의 번쩍임
4. ⓑ 온혈의: 변하지 않는 따뜻한 체온을 가지고 있는

C. 1. environment 2. Sinking
3. survive 4. diseases
5. materials

D. 1. 개는 시원하게 하기 위해 혀를 내밉니다.
cool down
2. 버의 고리들은 옷과 머리카락에 쉽게 달라붙습니다.
stick to
3. 메나는 숲 속 나무에 매달려 있는 수백 마리의 여우를 보았습니다. hundreds of
4. 소리 파동은 재료에 의해 흡수되거나 그것을 통과할 수 있습니다. go through
5. 건축업자들은 소리가 이동하는 것을 막기 위해 벽 안에 부드러운 재료를 넣습니다. stop, from

Unit 6 이제 벌이 없다고요? p.24

벌이 사라지고 있습니다. 벌의 군집이 붕괴되고 있습니다. 과학자들은 농약이 매년 수백만 마리의 벌을 죽이고 있다고 생각합니다. 농부들은 해충들을 쫓아내기 위해 농작물에 농약을 사용합니다. 농약은 독성이 있고, 벌은 농약에 접촉하고 있습니다. 농약이 벌을 약화시켜서 질병이 벌을 해칩니다. 또한, 농약은 벌의 뇌에 영향을 줍니다. 이는 벌이 꿀을 찾는 동안 길을 잃게 만듭니다. 벌이 꿀을 찾으러 이동할 때, 그들은 작물들이 수분하는 데 도움을 줍니다. 벌은 혼자서는 살아남을 수 없고, 벌이 없다면 사람들은 먹을 것이 많지 않을 것입니다. 우리는 농사 짓는 방법을 바꿔야 합니다. 그렇지 않으면 벌은 사라질지도 모릅니다.

Read and Complete

1. 벌 군집이 사라지고 있습니다. colonies
2. 농약은 수백만 마리의 벌을 죽이고 있습니다. killing

Comprehension Checkup

A. 1. 농부들은 농작물을 보호하기 위해 무엇을 사용합니까? ⓒ
ⓐ 군집들 ⓑ 해충들 ⓒ 농약들
2. 무엇이 벌을 해칩니까? ⓒ
ⓐ 농작물 ⓑ 꿀 ⓒ 질병
3. 농약은 어떻게 벌에게 영향을 미칩니까? ⓒ
ⓐ 농약은 벌의 농작물을 없앤다.
ⓑ 농약은 벌이 먹지 못하도록 한다.
ⓒ 농약은 벌을 약화시켜 질병에 걸리게 한다.
ⓓ 농약은 벌이 위험한 농작물에 접촉하게 한다.
4. 글에서 무엇을 유추할 수 있습니까? ⓑ
ⓐ 사람들은 더 많은 벌을 길러야 한다.
ⓑ 벌은 농작물 생산에 중요한 역할을 한다.
ⓒ 벌은 사람들에게서 많은 꿀을 빼앗고 있다.
ⓓ 사람들은 농약을 사용할 수밖에 없다.

B. 농약은 ①독성이 있고 벌이 질병에 걸리게 합니다. 그것은 벌의 뇌에 ②영향을 줍니다. 그러면, 벌은 ③꿀을 찾는 데 힘든 시간을 보냅니다. 인간은 농사 짓는 방법을 바꿔야 합니다.
① poisonous ② affect ③ nectar

Wrap Up

① poisonous ② contact ③ brains ④ nectar

사라지는 벌들

농부들은 독성 농약을 사용합니다.
▸ 벌들은 그것에 접촉하여 병에 걸립니다.
▸ 농약은 그들의 뇌에 영향을 줍니다.
▸ 그들은 꿀을 찾기 어렵고, 살아남을 수 없습니다.

Unit 7 폭발하기 쉬운 사실! p.26

우리는 지구의 지각에 살고 있는데, 그 아래는 정말 뜨겁습니다. 지각 아래는 맨틀입니다. 맨틀은 뜨겁고 붉은 암석으로 이루어져 있습니다. 우리는 그것을 마그마라고 부릅니다. 이 마그마는 때때로 지면으로 나옵니다. 마그마는 화산에서 분출될 수 있습니다! 우리는 그것을 용암이라고 부릅니다. 용암은 활화산에서만 분출될 수 있습니다. 지구상에는 1,900개가 넘는 활화산이 있습니다! 또한 활성화되지 않은 화산들이 있습니다. 그것들은 오랜 기간 동안 폭발하지 않을 것입니다. 또 다른 화산들은 사화산이라서, 절대 다시는 폭발하지 않을 것입니다.

Read and Complete

1. 지구의 지각 아래는 아주 뜨겁습니다. crust
2. 마그마가 지면으로 나오면, 우리는 그것을 용암이라고 부릅니다.
lava

Comprehension Checkup

A. 1. 지구 표면 아래는 뭐라고 불립니까? ⓑ

ⓐ 지각 ⓑ 맨틀 ⓒ 화산

2. 마그마는 무엇으로 만들어집니까? ⓒ

ⓐ 용암 ⓑ 지각 ⓒ 뜨거운 암석

3. 화산이 폭발하면 어떤 일이 생깁니까? ⓑ

ⓐ 화산은 활동을 멈추게 됩니다.

ⓑ 용암이 지면으로 분출됩니다.

ⓒ 맨틀이 식습니다.

ⓓ 지구의 표면이 두 조각이 됩니다.

4. 화산에 대해 틀린 것은 무엇입니까? ⓓ

ⓐ 활화산은 용암을 만들어 냅니다.

ⓑ 사화산은 다시는 폭발할 수 없습니다.

ⓒ 어떤 화산들은 오랜 기간 동안 폭발하지 않을 것입니다.

ⓓ 1,900개가 넘는 화산들이 곧 활동을 멈출 것입니다.

B. ①화산은 지각 아래의 마그마가 나올 때 폭발합니다. 우리는 지면 위의 마그마를 ②용암이라고 부릅니다. 용암은 ③활화산에서만 나옵니다.

① Volcanoes ② lava ③ active

Wrap Up

① lava ② extinct ③ again ④ active

화산		
활화산 마그마가 분출하여 용암이 됩니다	사화산 다시는 폭발하지 않습니다	휴화산(오랫동안 활동하지 않는 화산)

Unit 8 신비의 동굴! p.28

동굴은 어둡고 불가사의합니다. 동굴은 지표면으로 통하는 넓고 자연적인 구멍입니다. 동굴은 사람들과 동물들이 들어가서 살 정도로 충분히 큽니다. 이렇게 큰 동굴들은 어떻게 만들어졌을까요? 대부분은 부식에 의해 형성되었습니다. 부식은 물 속의 산(酸)이 암석을 닳게 할 때 발생합니다. 암석이 부식하는 데는 수백만 년이 걸릴 수 있습니다. 베트남에 있는 산동 동굴은 세계에서 가장 큰 동굴입니다. 그것은 2백만 년 이상 되었어요. 그것은 과학자들이 처음에 생각했던 것보다 훨씬 더 큽니다. 그것의 길이는 약 9킬로미터입니다!

Read and Complete

1. 동굴은 지표면으로 통하는 넓은 구멍입니다. holes
2. 동굴은 부식에 의해 형성됩니다. erosion

Comprehension Checkup

A. 1. 무엇이 부식을 유발했습니까? ⓐ

ⓐ 물 속의 산 ⓑ 물 속에 있는 암석들

ⓒ 동굴 속에 있는 동물들

2. 세계에서 가장 큰 동굴은 얼마나 깁니까? ⓑ

ⓐ 약 2킬로미터 ⓑ 약 9킬로미터

ⓒ 약 10킬로미터

3. 글쓴이는 왜 사람들과 동물들을 언급합니까? ⓑ

ⓐ 동굴이 어떻게 형성되었는지 설명하려고

ⓑ 일부 동굴들은 얼마나 큰지 강조하려고

ⓒ 유명한 동굴의 예를 들려고

ⓓ 일부 동굴들이 훼손된 것을 항의하려고

4. 산동 동굴에 대해 틀린 것은 무엇입니까? ⓓ

ⓐ 우리는 산동을 베트남에서 찾을 수 있다.

ⓑ 산동은 2백만 년 이상 되었다.

ⓒ 산동은 세계에서 가장 큰 동굴이다.

ⓓ 산동은 과학자들이 처음 생각했던 것보다 훨씬 더 오래되었다.

B. 동굴은 지①표면 안의 큰 구멍입니다. 부식이 동굴을 유발합니다. 물 속에 있는 ②산이 수백만 년에 걸쳐 암석을 ③닳게 합니다.

① surface ② Acid ③ wears

Wrap Up

① large ② holes ③ acid ④ Erosion

동굴	
의미	지표면으로 통하는 넓고 자연적인 구멍
생성 방법	물 속의 산(酸)이 암석을 닳게 합니다. ➔ 수백만 년이 넘게 부식이 일어납니다.
가장 큰 동굴	베트남의 산동 동굴

Unit 9 탄생부터 죽음까지 p.30

지구상에 모든 생명체는 생애 주기가 있습니다. 이 주기는 항상 탄생과 죽음을 포함합니다. 각각의 생명체는 태어남과 죽음 사이에 고유의 주기를 갖습니다. 예를 들어, 나비는 알로 시작합니다. 그 후에, 알이 부화해서 유충이 태어납니다. 유충은 먹고 자라서 애벌레가 됩니다. 하지만 아직은 유충 단계입니다. 그 다음에, 애벌레는 자신 주변에 딱딱한 보호 껍질을 만듭니다. 그것은 번데기입니다. 10~14일 후에, 성체 나비가 껍질에서 부화합니다. 그런 다음 나비는 죽기 전에 알을 낳고, 생애 주기가 다시 시작됩니다!

Read and Complete

1. 나비는 생애 주기를 알로 시작합니다. egg
2. 애벌레는 보호 껍질을 만들어 번데기가 됩니다. shell

Comprehension Checkup

A. 1. 나비의 알 이후의 다음 단계는 무엇입니까? ⓑ
ⓐ 번데기 ⓑ 유충 ⓒ 성체 나비
2. 보호 껍질에서 무엇이 부화합니까? ⓒ
ⓐ 알 ⓑ 애벌레 ⓒ 성체 나비
3. 나비의 생애 주기는 어떻게 다시 시작합니까? ⓒ
ⓐ 나비는 가능한 한 많은 먹이를 먹는다.
ⓑ 나비는 아기들에게 먹이를 구하는 법을 가르친다.
ⓒ 나비는 죽기 전에 알을 낳는다.
ⓓ 나비는 죽은 후에 다시 애벌레가 된다.
4. 나비의 생애 주기에 대해 틀린 것은 무엇입니까? ⓓ
ⓐ 번데기는 딱딱한 보호 껍질을 가지고 있다.
ⓑ 애벌레는 유충 단계다.
ⓒ 생애 주기는 태어나는 것으로 시작해서 죽음으로 끝난다.
ⓓ 애벌레는 성체 나비와 거의 똑같이 생겼다.

B. 생애 주기는 ①탄생에서 시작해서 ②죽음으로 끝납니다. 다른 생명체들은 시작과 끝 사이에 ③고유의 생애 주기를 갖습니다.
① birth ② death/dying ③ unique

Wrap Up

① larva ② adult

나비의 생애 주기

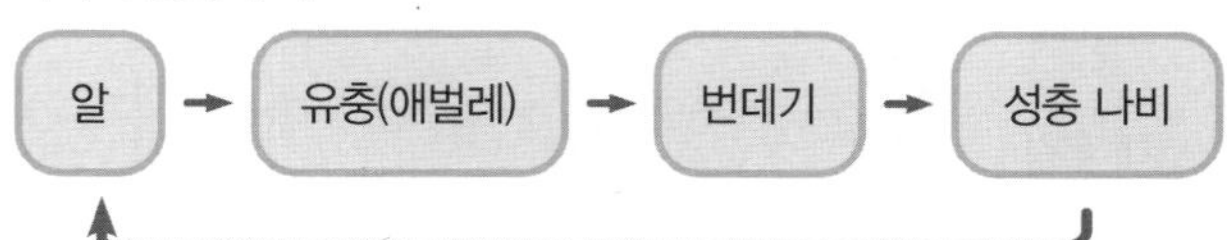

Unit 10 에너지원 p.32

우리는 컴퓨터나 전등에 전기를 사용합니다. 그 전기는 발전소에서 만들어집니다. 보통, 발전소는 에너지를 얻기 위해 석탄, 석유, 가스 같이 재생이 안 되는 자원을 사용하고 연소합니다. 그것들이 얻고 사용하기 쉽기 때문입니다. 하지만 재생이 안 되는 자원들은 대부분 대기 오염과 수질 오염을 발생시킵니다. 또한, 그것들은 언젠가 고갈될 것입니다. 요즘, 과학자들은 재생 가능한 에너지원을 개발하고 있습니다. 태양 에너지는 태양에서 나오기 때문에 재생 가능합니다. 풍력과 수소 에너지 또한 재생 가능한 에너지원입니다. 그 에너지원들은 오염 물질을 거의 만들지 않고 절대 고갈되지 않을 것입니다.

Read and Complete

1. 발전소는 전기를 만들어 냅니다. electricity
2. 풍력은 재생 가능한 에너지원입니다. renewable

Comprehension Checkup

A. 1. 재생이 안 되는 자원의 예는 무엇입니까? ⓑ
ⓐ 태양 ⓑ 석탄 ⓒ 바람
2. 어느 에너지원이 오염을 발생시키지 않습니까? ⓒ
ⓐ 석유 ⓑ 가스 ⓒ 수소
3. 발전소는 왜 보통 재생이 안 되는 에너지원을 사용합니까? ⓐ
ⓐ 그것들이 사용하기 쉽기 때문이다.
ⓑ 그것들이 곧 고갈될 것이기 때문이다.
ⓒ 그것들이 대기 오염을 발생시키기 때문이다.
ⓓ 그것들이 수질 오염을 발생시키기 때문이다.
4. 재생 가능한 에너지원에 대해 틀린 것은 무엇입니까? ⓑ
ⓐ 그것들은 고갈되지 않을 것이다.
ⓑ 그것들은 식물로 만들어진다.
ⓒ 그것들은 전기를 만들어 낸다.
ⓓ 그것들은 오염을 발생시키지 않는다.

B. 석탄, 석유, 가스는 ①재생이 안 되는 에너지원입니다. 그것들은 사용하기 쉽지만 ②오염을 발생시킵니다. 태양, 바람, ③수소에서 얻는 재생 가능한 에너지가 개발되고 있습니다.
① non-renewable ② pollution ③ hydrogen

Wrap Up

① pollution ② use ③ solar ④ never

	재생 불가능한 자원	재생 가능한 자원
예	• 석탄, 석유, 가스	• 태양과 수소 에너지, 풍력
공해	• 대기 오염과 수질 오염이 발생합니다	• 무공해
특성	• 얻기 쉽고, 사용하기 쉬운 • 언젠가 고갈됩니다	• 절대 고갈되지 않습니다

WORD REVIEW

Unit 6 ~ 10 p.34

A.

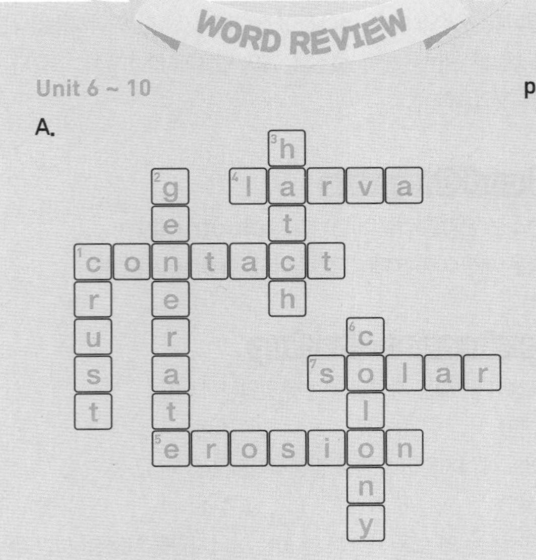

B. 1. ⓒ 동굴: 지표면으로 통하는 넓고 자연적인 구멍

2. ⓑ 용암: 마그마가 지면으로 나올 때, 마그마는 이것으로 변한다.

3. ⓐ 농약: 농부들은 해충들을 쫓아내기 위해 농작물에 이것을 사용한다.

4. ⓓ 번데기: 유충과 성체 사이 단계의 나비

C. 1. erupt 2. erode 3. life cycle 4. non-renewable 5. pollution

D. 1. 농약은 벌이 꿀을 찾다가 길을 잃게 만듭니다.
get lost

2. 맨틀은 뜨겁고 붉은 암석으로 이루어져 있습니다.
is made up of

3. 부식은 물의 산이 암석을 닳게 할 때 발생합니다.
wears away

4. 10~14일 후에, 성체 나비가 껍질에서 부화합니다.
hatches from

5. 재생 가능한 에너지원은 절대 고갈되지 않을 것입니다.
run out

Unit 11 정글에 오신 것을 환영합니다 p.36

우리는 산소를 들이쉬고 이산화탄소를 내쉽니다. 지구 산소의 40퍼센트 정도는 열대 우림에서 나옵니다. 여러분은 열대 우림을 적도 부근에서 찾을 수 있습니다. 적도는 선입니다. 적도는 지구의 가운데를 빙 둘러 갑니다. 열대 우림은 따뜻하고 습한 환경을 가졌습니다. 식물들은 그곳에서 잘 자랍니다. 열대 우림에는, 수십억의 식물들이 산소를 배출하고 이산화탄소를 소비합니다. 이것은 산소와 이산화탄소가 균형을 유지하는 데 도움을 줍니다. 이 균형은 지구상의 식물과 동물의 삶에 중요합니다. 우리는 너무 많거나 너무 적은 산소로는 숨을 쉴 수 없습니다.

Read and Complete

1. 열대 우림은 많은 산소를 배출합니다. oxygen
2. 적도는 지구의 가운데를 빙 둘러 갑니다. equator

Comprehension Checkup

A. 1. 열대 우림은 대부분 어디에 위치해 있습니까? ⓑ
ⓐ 적도 아래에 ⓑ 적도 주변에 ⓒ 적도 가운데에

2. 식물은 무엇을 소비합니까? ⓐ
ⓐ 이산화탄소 ⓑ 산소 ⓒ 산소와 이산화탄소

3. 산소와 이산화탄소의 균형은 왜 중요합니까? ⓓ
ⓐ 산소가 너무 많으면 식물이 자랄 수 없기 때문이다.
ⓑ 사람들이 산소와 이산화탄소를 혼합할 수 없기 때문이다.
ⓒ 이산화탄소가 너무 적으면 사람들이 자랄 수 없기 때문이다.
ⓓ 그 균형이 깨지면 사람들이 호흡할 수 없기 때문이다.

4. 열대 우림에 대해 틀린 것은 무엇입니까? ⓒ
ⓐ 열대 우림에는 많은 식물이 있다.
ⓑ 열대 우림은 따뜻하고 습한 곳에 있다.
ⓒ 열대 우림은 지구 이산화탄소의 40퍼센트를 배출한다.
ⓓ 열대 우림은 지구의 생명체에게 중요하다.

B. ①열대 우림은 적도 부근에 있습니다. 열대 우림은 공기 중에 산소와 이산화탄소의 ②균형을 돕습니다. 이 균형은 ③지구상의 생명체에게 중요합니다.
① Rainforests ② balance ③ Earth

Wrap Up

① equator ② wet ③ plants ④ balance

열대 우림	
위치	적도 근처
기후	따뜻하고 습한 환경이 식물을 잘 자라게 합니다.
환경적 역할	산소와 이산화탄소가 균형을 유지하게 해 줍니다.

Unit 12 북극의 코요테 p.38

코요테는 그들의 환경에 아주 적응을 잘합니다. 북아메리카 대륙에서, 늑대와 코요테는 먹이와 영역을 두고 경쟁을 했습니다. 늑대는 주로 사람들과 가축을 죽였습니다. 그래서 늑대들은 멸종에 가까울 정도로 사냥을 당했습니다. 이로 인해 지난 200년간 코요테의 개체 수가 증가하고 확장했습니다. 코요테는 심지어 캐나다 북부 지방과 알래스카까지 확장했습니다. 혹독하고 추운 환경은 코요테가 어쩔 수 없이 적응하도록 만들었습니다. 코요테의 털 색깔은 서서히 흰색으로 변했습니다. 이것은 코요테가 눈 속에서 더 잘 숨을 수 있게 했습니다. 그들의 털 또한 혹독한 추위로부터 자신을 보호할 수 있도록 더 두꺼워졌습니다.

Read and Complete

1. 늑대가 사라지면서 코요테 개체 수가 증가하기 시작했습니다.
   population
2. 코요테는 어쩔 수 없이 추운 환경에 적응하게 되었습니다.
   adapt

Comprehension Checkup

A. 1. 늑대와 코요테는 무엇을 두고 싸웠습니까? ⓐ
ⓐ 살아갈 구역 ⓑ 눈이 내리는 곳 ⓒ 함께 살 사람들
2. 코요테는 어디로 영역을 확장했습니까? ⓐ
ⓐ 알래스카 ⓑ 유럽 ⓒ 북아메리카 대륙
3. 사람들은 왜 늑대를 사냥했습니까? ⓑ
ⓐ 늑대들이 코요테를 죽였기 때문이다.
ⓑ 늑대들이 가축을 죽였기 때문이다.
ⓒ 늑대들이 사람들에게서 음식을 훔쳤기 때문이다.
ⓓ 사람들이 늑대의 털을 갖고 싶어 했기 때문이다.
4. 코요테는 혹독한 환경에 어떻게 적응했습니까?
(두 개의 정답을 고르세요.) ⓐ, ⓓ
ⓐ 코요테의 털은 그들을 따뜻하게 하려고 두꺼워졌다.
ⓑ 코요테는 먹이를 찾기 위해 농장을 공격하기 시작했다.
ⓒ 코요테는 영역을 확장하기 위해 북쪽으로 갔다.
ⓓ 코요테의 털은 다른 색으로 변했다.

B. 코요테와 늑대가 경쟁했는데, 사람들은 ①늑대를 사냥했습니다. 그래서 코요테 개체 수는 빠르게 증가했습니다. 코요테는 심지어 알래스카까지 ②확장했습니다. 코요테는 새로운 환경에 ③적응할 수 있었습니다.
① wolves ② expanded ③ adapt

Wrap Up

3 코요테의 개체 수가 캐나다 북부 지방과 알래스카까지 확장했습니다.
1 늑대와 코요테는 먹이와 영역을 두고 경쟁을 했습니다.
4 코요테는 추운 환경에 적응했습니다.
2 늑대들은 멸종에 가까울 정도로 사냥을 당했습니다.

Unit 13 강력한 갑작스러운 홍수 p.40

자연재해는 갑자기 뜻밖에 발생할 수 있습니다. 갑작스러운 홍수는 재해의 한 종류입니다. 갑작스러운 홍수는 강우 6시간 내에 수위가 올라가는 때를 말합니다. 폭우나 부서진 댐은 강이나 시내의 수위가 올라가게 합니다. 불어난 물은 강력하고 빠르게 땅으로 이동합니다. 이는 재산에 피해를 일으킵니다. 그리고 이는 사람들에게 치명적일 수 있습니다. 2013년에, 인도 케다르나스에서의 홍수는 5천여 명의 사망자를 냈습니다! 지역 기상 경보는 여러분이 이런 재해를 피할 수 있도록 도와줄 수 있습니다. 그것들은 또한 여러분에게 언제 더 높은 지대로 가야 하는지 말해줄 수도 있습니다.

Read and Complete

1. 갑작스러운 홍수는 자연재해입니다. disaster
2. 갑작스러운 홍수 동안, 수위는 갑자기 올라갑니다. rise

Comprehension Checkup

A. 1. 갑작스러운 홍수의 신호는 무엇입니까? ⓑ
ⓐ 모든 강우 ⓑ 높은 수위 ⓒ 재산 피해
2. 자연재해를 피하기 위해서 무엇이 사람들에게 도움이 됩니까? ⓒ
ⓐ 댐을 닫기 ⓑ 긴 시내를 만들기 ⓒ 날씨 예보를 보기
3. 갑작스러운 홍수에 관해 틀린 것은 무엇입니까? ⓒ
ⓐ 갑작스러운 홍수는 사람들의 재산을 파괴한다.
ⓑ 부서진 댐이나 폭우가 홍수를 유발할 수 있다.
ⓒ 우리는 그것들을 미리 막을 수 있다.
ⓓ 갑작스러운 홍수가 발생하면 사람들은 더 높은 지대를 찾아야 한다.
4. 글쓴이는 왜 케다르나스의 홍수를 언급합니까? ⓑ
ⓐ 갑작스러운 홍수가 자주 발생하는 곳을 설명하려고
ⓑ 치명적인 갑작스러운 홍수의 예를 들려고
ⓒ 기상 경보의 중요성을 강조하려고
ⓓ 가장 갑작스러웠던 홍수의 예를 들려고

B. ①갑작스러운 홍수와 같은 자연재해는 치명적일 수 있습니다. 갑작스러운 홍수 동안에, ②수위는 갑자기 올라갑니다. 홍수가 발생하면 사람들은 기상 ③경보를 봐야 합니다.
① flash ② water ③ warnings

Wrap Up

① levels ② six ③ dam ④ damage

갑작스러운 홍수	
발생 조건	강우 6시간 내에 수위가 올라갑니다
수위 상승의 원인	폭우나 부서진 댐
결과	• 재산에 피해를 일으킵니다 • 사람들에게 치명적일 수 있습니다

B. 쇠는 강한 금속이고 사람들은 그것을 무기나 도구로 ①형태를 만듭니다. 물과 ②공기는 쇠가 녹슬게 할 수 있습니다. 쇠를 부식으로부터 ③보호하기 위해서는, 쇠를 페인트나 기름으로 칠하는 것이 좋습니다.
① shape ② air ③ protect

Wrap Up

① reaction ② water ③ rust ④ cover

쇠는 심각한 약점이 있습니다.	
원인	물과 공기와의 화학 반응
결과	녹슬고 부식하거나 쪼개질 수 있습니다.
보호 방법	쇠를 페인트나 기름으로 칠할 수 있습니다.

Unit 14 물과 쇠 p.42

쇠는 강한 금속입니다. 사람들은 쇠를 무기와 도구 같은 유용한 물건으로 형태를 만들 수 있습니다. 사람들은 쇠를 수천 년간 사용해 왔습니다. 하지만 쇠는 심각한 약점이 있습니다. 쇠는 녹슬고 부식하거나 쪼개질 수 있습니다. 물과 공기는 쇠와 화학 반응을 일으킵니다. 이 반응은 녹을 만들어 냅니다. 녹은 쇠 도구를 쓸모 없게 만들 수 있습니다. 비에 노출된 쇠 도구는 며칠 내에 녹이 슬 것입니다. 쇠를 녹으로부터 보호하기 위해서는, 쇠를 페인트나 기름으로 칠할 수 있습니다.

Read and Complete

1. 사람들은 쇠로 많은 유용한 것들을 만듭니다. iron
2. 쇠 도구는 녹슬고 부식하면 쓸모 없어질 수 있습니다. rust

Comprehension Checkup

A. 1. 쇠의 약점은 무엇입니까? ⓐ
ⓐ 녹스는 것 ⓑ 녹는 것 ⓒ 구부러지는 것
2. 어떤 것들 사이의 화학 반응이 녹을 만듭니까? ⓒ
ⓐ 기름과 쇠 ⓑ 물과 공기 ⓒ 물과 쇠
3. 쇠가 부식하는 것을 어떻게 방지할 수 있습니까? ⓐ
ⓐ 쇠를 기름으로 칠해서
ⓑ 쇠를 빗속에 둬서
ⓒ 쇠를 상자 안에 둬서
ⓓ 쇠를 판지로 덮어서
4. 쇠의 특징으로 틀린 것은 무엇입니까? ⓑ
ⓐ 쇠는 강한 금속이다. ⓑ 쇠는 비를 만나자마자 녹슨다.
ⓒ 쇠는 무기를 만들기에 좋은 재료다.
ⓓ 쇠는 유용한 도구로 만들어질 수 있다.

Unit 15 멸종 위기에 처한 북극곰 p.44

인간이 환경을 바꾸고 있습니다. 우리의 인구가 증가하고 확대되면서, 우리는 여러 동물들의 서식지를 파괴하고 있습니다. 어떤 동물들은 변화된 서식지에 적응하지 못하고 있습니다. 그러면, 그 동물들은 멸종 위기에 처하게 됩니다. 북극곰은 북극에 살도록 적응되어 있습니다. 북극곰의 흰 털은 북극곰이 따뜻하게 지내고 숨을 수 있게 해 줍니다. 북극곰은 북극 바다에서 바다표범과 고래를 사냥하는 것에 능숙합니다. 그러나, 지구 온난화는 북극 얼음을 녹이고 있습니다. 북극곰의 서식지는 줄어들고 사라지고 있습니다. 북극곰은 북극의 남쪽에서는 살아남을 수 없습니다. 곧, 북극곰은 동물원에서만 살 수 있을지도 모릅니다.

Read and Complete

1. 인간은 동물들의 서식지를 파괴하고 있습니다. habitats
2. 북극곰은 멸종 위기에 처한 동물들 중 하나입니다.
endangered

Comprehension Checkup

A. 1. 무엇이 북극 얼음을 녹게 만듭니까? ⓑ
ⓐ 동물원 건설 ⓑ 지구 온난화 ⓒ 멸종 위기에 처한 바다표범
2. 북극곰의 서식지에 어떤 일이 발생하고 있습니까? ⓐ
ⓐ 서식지가 줄어들고 있다.
ⓑ 서식지가 점점 추워지고 있다.
ⓒ 바다표범과 고래가 죽고 있다.

3. 북극곰이 북극에 적응하는 예가 아닌 것은 무엇입니까? ⓒ
ⓐ 북극곰은 차가운 물에 들어갈 수 있다.
ⓑ 북극곰은 바다표범과 고래를 사냥한다.
ⓒ 북극곰은 남쪽으로 이동할 수 있다.
ⓓ 북극곰의 흰 털은 북극곰이 숨을 수 있게 돕는다.
4. 글에서 무엇을 유추할 수 있습니까? ⓐ
ⓐ 인간은 지구 온난화의 주요 요인이다.
ⓑ 인간은 북극곰을 동물원에 두기 위해 사냥하고 있다.
ⓒ 북극의 남쪽은 북극곰이 살기에는 너무 좁다.
ⓓ 많은 사람들이 북극곰을 보기 위해 북극을 방문하고 있다.

B. 동물 서식지는 ①인간 때문에 바뀌고 있습니다. 북극곰은 북극에 삽니다. 하지만 지구 온난화가 북극 얼음을 ②녹이고 있습니다. 북극곰의 서식지는 줄어들고 ③사라지고(/파괴되고) 있습니다.
① humans ② melting
③ disappearing(/destroying)

Wrap Up

① environment ② animals ③ warming
④ habitats

원인	• 인간이 환경을 바꿉니다. • 우리는 동물들의 서식지를 파괴하고 있습니다.
결과	• 지구 온난화는 북극 얼음을 녹이고 있습니다. • 북극곰의 서식지는 사라지고 있습니다.

WORD REVIEW

Unit 11 ~ 15 p.46

A.

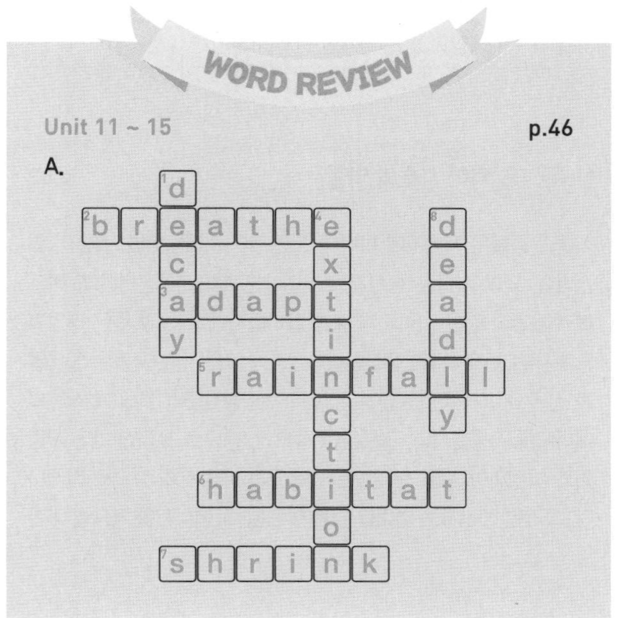

B. 1. ⓓ 멸종 위기에 처한: 동물이 변화된 서식지에 적응하지 못하면, 동물은 이렇게 된다.
2. ⓐ 적도: 지구의 가운데를 두르는 가상의 선
3. ⓒ 철, 쇠: 강한 금속
4. ⓑ 자연 재해: 홍수나 지진이 그 예다.

C. 1. consume 2. competed
3. avoid 4. useless
5. Global warming

D. 1. 열대 우림은 산소와 이산화탄소의 균형을 유지해 줍니다. in balance
2. 혹독한 환경은 코요테가 어쩔 수 없이 적응하도록 만들었습니다. forced, to
3. 갑작스러운 홍수는 재산에 피해를 일으킵니다. cause, to
4. 철은 녹슬고 부식하거나 쪼개질 수 있습니다. break apart
5. 북극곰은 북극 바다에서 바다표범과 고래를 사냥하는 것에 능숙합니다. are good at

Unit 16 에너지 파동 p.48

햇빛은 어떻게 우주를 지나 지구로 이동할 수 있을까요? 그것은 빛이 전자기파의 한 종류이기 때문입니다. 전자기파는 에너지이고, 진공을 통과해서 이동할 수 있습니다. 진공은 우주 공간처럼 그 안에 아무 물질도 없는 곳입니다. 전파는 또 다른 종류의 전자기파입니다. 파장은 여러분의 전화기에서 우주에 있는 위성으로 이동할 수 있습니다. 그러면 위성은 그 파장을 지구 반대편에 있는 누군가에게 보낼 수 있습니다! 마이크로파 또한 전자기파입니다. 마이크로파는 무척 빨리 이동해서, 몇 분 안에 음식을 조리할 수 있습니다!

Read and Complete

1. 진공은 그 안에 아무 물질도 없는 곳입니다. vacuum
2. 전자기파는 우주를 지나 이동합니다. travel

Comprehension Checkup

A. 1. 진공의 예는 무엇입니까? ⓑ
ⓐ 위성 ⓑ 우주 공간 ⓒ 전자기파

2. 전자기파의 예는 무엇입니까? ⓒ

ⓐ 소리 ⓑ 전기 ⓒ 햇빛

3. 사람들은 마이크로파를 어떻게 이용합니까? ⓑ

ⓐ 사람들은 마이크로파를 길을 찾는 데 이용한다.

ⓑ 사람들은 마이크로파를 음식을 조리하는 데 이용한다.

ⓒ 사람들은 마이크로파를 어둠을 밝히는 데 이용한다.

ⓓ 사람들은 마이크로파를 돌아다니는 데 이용한다.

4. 위성은 전파로 무엇을 합니까? ⓓ

ⓐ 위성은 전파가 빨리 이동하도록 돕는다.

ⓑ 위성은 전파가 더 강해지도록 한다.

ⓒ 위성은 전 세계의 다양한 전파를 모은다.

ⓓ 위성은 전화기로부터 전파를 받고 보낸다.

B. 햇빛, ①전파, ②마이크로파와 같은 전자기파는 ③진공을 통과해서 이동할 수 있습니다. 사람들은 전자기파를 서로 대화를 나누고 음식을 만드는 등 많은 용도로 이용합니다.

① radio ② microwaves ③ vacuum

Wrap Up

① electromagnetic ② energy ③ vacuum ④ microwaves

전자기파	
특성	• 에너지 파동 • 진공을 통과해서 이동합니다
종류	• 햇빛, 전파, 마이크로파

Unit 17 달의 여정 p.50

매일 밤, 달은 약간씩 달라 보입니다. 그것은 매일 밤 달은 여정의 다른 단계에 있기 때문입니다. 달은 지구 주위를 29.53일 동안 돕니다. 매월, 달은 8개의 위상을 거칩니다. 첫 번째 위상은 초승달입니다. 초승달은 아주 작게 보이는데, 태양의 빛을 거의 반사하지 않기 때문입니다. 초승달은 결국 보름달로 커집니다. 보름달은 태양의 빛을 원처럼 반사합니다. 다음 위상들을 거치며, 달은 점점 더 작게 보입니다. 그러고 나서 달은 초승달로 되돌아갑니다.

Read and Complete

1. 달은 지구 주위를 이동합니다. Earth
2. 달은 여정에 따라 8개의 위상이 있습니다. journey

Comprehension Checkup

A. 1. 달이 지구 주위를 도는 데 얼마나 걸립니까? ⓑ

ⓐ 8일 ⓑ 29.53일 ⓒ 8개월

2. 무엇이 달을 더 크거나 작아 보이게 합니까? ⓐ

ⓐ 달이 반사하는 햇빛 ⓑ 달이 이동할 때 속도

ⓒ 지구로부터의 달의 거리

3. 매일 밤 달은 왜 달라 보입니까? ⓒ

ⓐ 달은 정기적으로 보이다가 사라지기 때문이다.

ⓑ 때때로 달은 태양의 빛을 반사하지 못하기 때문이다.

ⓒ 달이 이동하면서 우리에게 다른 위상을 보여주기 때문이다.

ⓓ 밤마다 날씨가 다르기 때문이다.

4. 달에 관해 틀린 것은 무엇입니까? ⓑ

ⓐ 사람들은 첫 번째 위상을 초승달이라고 부른다.

ⓑ 초승달은 보름달까지 점점 더 작아진다.

ⓒ 보름달은 태양의 빛을 원처럼 반사한다.

ⓓ 초승달은 태양의 빛을 많이 반사하지 않는다.

B. 달은 이동하면서 8개의 ①위상을 거칩니다. 각 위상에서 달은 더 많거나 더 적은 햇빛을 ②반사합니다. 이것이 달이 더 크거나 ③더 작아 보이게 합니다.

① phases ② reflects ③ smaller

Wrap Up

① travels ② new ③ light ④ circle

달은 지구 주위를 돕니다.	
초승달	작고, 태양의 빛을 거의 반사하지 않습니다
보름달	태양의 빛을 원처럼 반사합니다

Unit 18 먹이 사슬의 역할 p.52

식물과 동물은 서식지에 삽니다. 모든 서식지에는 먹이 사슬이 있습니다. 먹이 사슬은 생산자, 소비자, 분해자로 구성됩니다. 아프리카 초원과 같은 서식지의 예를 살펴봅시다. 식물과 풀은 태양과 땅에서부터 에너지를 생산합니다. 그 후 이런 생산자들은 얼룩말과 같은 소비자에게 먹힙니다. 얼룩말은 성장하기 위해 그 식물의 에너지를 사용합니다. 얼룩말이 죽으면, 땅으로 쓰러집니다. 지렁이와 박테리아 같은 분해자는 얼룩말의 에너지를 흙으로 바꿉니다. 그러면 생산자는 먹이를 만들기 위해 그 에너지를 사용합니다!

Read and Complete

1. 생산자, 소비자, 분해자는 한 서식지에서 함께 삽니다. decomposers
2. 소비자는 생산자를 먹습니다. producers

Comprehension Checkup

A. 1. 식물들은 어떻게 에너지를 얻습니까? ⓒ

ⓐ 소비자로부터 ⓑ 동물로부터 ⓒ 태양과 흙으로부터

2. 분해자의 예는 무엇입니까? ⓑ

ⓐ 풀 ⓑ 지렁이 ⓒ 얼룩말

3. 분해자는 무엇을 합니까? ⓓ

ⓐ 분해자는 생산자를 먹는다.
ⓑ 분해자는 얼룩말 같은 소비자를 죽인다.
ⓒ 분해자는 식물로부터 에너지를 생산한다.
ⓓ 분해자는 에너지를 땅으로 돌려보낸다.

4. 먹이 사슬에 대해 틀린 것은 무엇입니까? ⓒ

ⓐ 먹이 사슬은 서식지에서 발견된다.
ⓑ 생산자는 소비자에게 먹힌다.
ⓒ 소비자가 가장 중요하다.
ⓓ 분해자는 소비자를 분해한다.

B. 각 ①서식지에는 먹이 사슬이 있습니다. 먹이 사슬은 생산자, 소비자, 분해자로 구성됩니다. ②소비자는 생산자로부터 에너지를 얻습니다. 소비자는 분해자에 의해 그 에너지를 ③흙/땅으로 돌려보냅니다.
① habitat ② Consumers ③ soil/ground

Wrap Up

① ⓑ ② ⓒ ③ ⓐ

먹이사슬

① 생산자는 태양과 땅에서부터 에너지를 생산합니다.
② 소비자는 생산자를 먹습니다.
③ 분해자는 소비자의 에너지를 흙으로 바꿉니다.

Read and Complete

1. 지구는 '권'이라고 하는 네 개의 체계가 있습니다. spheres
2. 네 개의 체계는 밀접하게 연결되어 있습니다. connected

Comprehension Checkup

A. 1. 인간은 어느 체계에 속합니까? ⓐ

ⓐ 생물권 ⓑ 수권 ⓒ 대기권

2. 지권의 한 부분은 무엇입니까? ⓑ

ⓐ 비 ⓑ 광물 ⓒ 식물

3. 대기권은 지권에 어떻게 영향을 줍니까? ⓓ

ⓐ 동물이 식물을 먹는다.
ⓑ 폭우가 홍수를 유발한다.
ⓒ 식물은 자라기 위해 물이 필요하다.
ⓓ 바람이 서서히 암석과 흙의 부식을 일으킨다.

4. 생물권과 대기권의 연결의 예는 무엇이 될 수 있습니까? ⓐ

ⓐ 사람들이 공기를 오염시킨다.
ⓑ 사람들이 다른 동물들을 먹는다.
ⓒ 사람들은 땅에 산다.
ⓓ 사람들이 귀한 광물을 캔다.

B. 지구의 네 체계는 ①생물권/수권, 대기권, 지권, ②수권/생물권을 포함합니다. 이 권들은 모두 ③밀접하게 연결되어 있습니다.
① biosphere/hydrosphere
② hydrosphere/biosphere ③ closely

Wrap Up

① living ② minerals ③ water ④ Earth

지구의 체계			
생물권	지권	수권	대기권
모든 생명체	암석과 광물	물	지구를 둘러싸고 있는 가스나 공기

Unit 19 중요한 네 개의 권 p.54

지구는 네 개의 체계로 구성됩니다. 우리는 그것들을 '권'이라고 부릅니다. 첫 번째 체계는 생물권입니다. 그것은 지구상의 모든 생명체를 포함합니다. 다음으로, 지권 체계는 지구상의 모든 암석과 광물입니다. 지구상의 모든 물은 수권의 일부입니다. 마지막으로, 대기권은 가스나 공기이고, 지구를 둘러싸고 있습니다. 이 네 개의 체계는 모두 밀접하게 연결되어 있습니다. 예를 들어, 대기권의 바람은 지권에 침식을 일으킵니다. 생물권의 모든 식물과 동물은 수권의 물이 필요합니다.

Unit 20 반짝 반짝 작은 별 p.56

왜 하늘의 어떤 별들은 다른 별들보다 더 밝게 보일까요? 별의 시등급은 별이 우리에게 얼마나 밝게 보이는가입니다. 우리는 그것을 별의 밝기와 지구로부터의 거리로 측정합니다. 태양은 매우 밝게 보입니다. 태양이 매우 크고 지구에 가깝기 때문입니다. 하지만, 절대등급은 별이 실제로 얼마나 밝은가입니다. 우주에 멀리 떨어진 많은 별들은 태양보다 더 크고 더 밝습니다. 하지만 그 별들은 태양보다 덜 밝게 보입니다. 그 별들의 절대등급은 시등급보다 더 큽니다.

Read and Complete

1. 시등급은 별이 얼마나 밝게 보이는가를 우리에게 말해 줍니다. apparent
2. 절대등급은 별이 실제로 얼마나 밝은가입니다. absolute

Comprehension Checkup

A. 1. 사람들이 시등급을 측정하기 위해 사용하지 않는 것은 무엇입니까? ⓑ

ⓐ 별의 밝기 ⓑ 인근 별들의 수 ⓒ 지구로부터의 별의 거리

2. 사람들이 절대등급을 측정하기 위해 고려하는 것은 무엇입니까? ⓐ

ⓐ 별 자체의 밝기 ⓑ 지구로부터의 별의 거리
ⓒ 태양으로부터의 별의 거리

3. 태양은 왜 매우 밝게 보입니까? ⓒ

ⓐ 태양은 지구로부터 멀리 떨어져 있기 때문이다.
ⓑ 태양은 우주에서 가장 밝은 별이기 때문이다.
ⓒ 태양은 매우 크고 지구에 가깝기 때문이다.
ⓓ 태양은 주변에 아무 별도 없기 때문이다.

4. 어떤 크고 밝은 별들은 왜 우리에게 덜 밝게 보입니까? ⓐ

ⓐ 그 별들은 지구로부터 멀리 떨어져 있기 때문이다.
ⓑ 그 별들은 종종 서로를 가리기 때문이다.
ⓒ 그 별들의 온도가 너무 높기 때문이다.
ⓓ 그 별들은 태양에 너무 가깝기 때문이다.

B. 시등급은 별이 ①지구에서 얼마나 밝게 보이는가입니다. 절대등급은 별이 ②실제로 얼마나 밝은가를 우리에게 말해 줍니다.
① Earth ② really

Wrap Up

① absolute ② brightness ③ distance ④ really

시등급	절대등급
• 지구에서 별이 얼마나 밝게 보이는가 ▸ 별의 밝기 ▸ 지구로부터의 별의 거리	• 별이 실제로 얼마나 밝은가

WORD REVIEW

Unit 16 ~ 20 p.58

A.

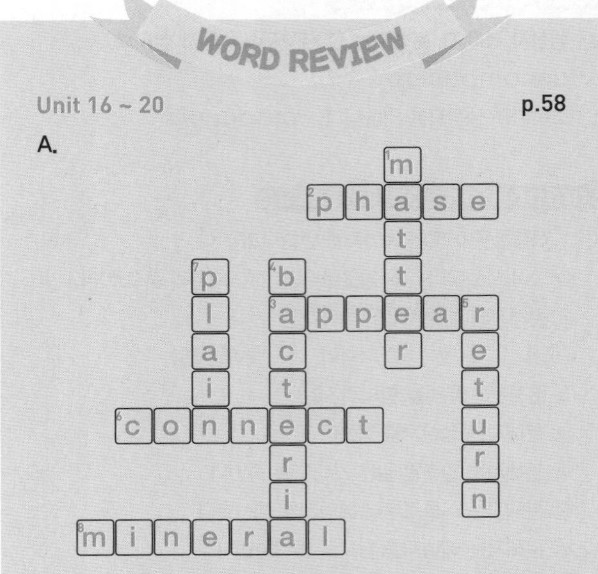

B. 1. ⓒ 분해자: 소비자를 분해하는 먹이 사슬의 한 부분
2. ⓑ 초승달: 달의 여정의 첫 번째 위상
3. ⓓ 토양: 식물이 자라는 땅 표면의 물질
4. ⓐ 진공: 안에 아무 물질도 없는 공간

C. 1. satellite 2. reflects
3. surrounds 4. includes
5. measure

D. 1. 마이크로파는 매우 빨리 이동해서, 몇 분 안에 음식을 조리할 수 있습니다. in minutes
2. 매 달, 달은 8개의 위상을 거칩니다. goes through
3. 아프리카 초원과 같은 서식지의 예를 살펴봅시다. take a look at
4. 지구는 네 개의 체계로 구성되며, 우리는 그 체계를 '권'이라고 부릅니다. consists of
5. 우주에서 멀리 떨어진 많은 별들은 태양보다 더 크고 더 밝습니다. far away

Unit 21 지역 vs. 공동체 p.60

선생님께서 무엇인가 설명하고 계실 때, 저는 헷갈렸습니다. 그래서 저는 손을 들었습니다. "지역과 공동체의 차이는 무엇인가요? 이해가 안 돼요." 선생님께서 대답하셨습니다. "지역은 너와 네 이웃들이 사는 곳이야. 지역은 물리적인 공간이고 지도 상에서 찾을 수 있단다. 내가 사는 지역은 시카고 남부에 있어. 반면, 공동체는 사람들의 집단으로, 그들은 인종, 직업, 흥미와 같은 공통점을 갖고 있어. 예를 들어, 내 지역에는 큰 아시아인 공동체와 자원봉사자들의 공동체가 있단다."

Read and Complete

1. 선생님은 지역과 공동체에 관해 설명합니다.
   neighborhood
2. 공동체의 사람들은 공통점이 있습니다. common

Comprehension Checkup

A. 1. 선생님의 지역은 어디입니까? ⓒ
ⓐ 아시아 ⓑ 공동체 ⓒ 사우스 시카고
2. 공통체가 아닌 것은 무엇입니까? ⓐ
ⓐ 뉴욕의 지역 ⓑ L.A.의 한국인 집단
ⓒ 뉴욕의 변호사 집단
3. 지역은 무엇입니까? ⓑ
ⓐ 지역은 도시나 마을의 지도이다.
ⓑ 지역은 사람들이 사는 공간이다.
ⓒ 지역은 같은 인종을 위한 특별한 공간이다.
ⓓ 지역은 직업에 공통점이 있다.
4. 선생님은 왜 자원봉사자 공동체를 언급합니까? ⓓ
ⓐ 지역의 예를 들려고
ⓑ 지도에서 그의 지역을 가리키려고
ⓒ 그가 자원봉사에 관심이 있다고 말하려고
ⓓ 지역과 공동체를 비교하려고

B. 지역은 당신의 ①이웃들이 사는 곳입니다. 당신은 ②지도에서 그것을 찾을 수 있습니다. ③공동체는 사람들의 집단입니다. 그들은 직업과 취미 같은 공통점이 있습니다.
① neighbors ② map ③ community

Wrap Up

① physical ② live ③ people ④ race

지역	공동체
• 물리적인 공간	• 공통점이 있는 사람들의 집단
• 이웃들이 사는 곳	• 인종, 직업, 흥미

Unit 22 즐거운 콴자 보내세요! p.62

대부분의 아프리카계 미국인들은 12월 26일에 일찍 일어납니다. 이날은 콴자의 첫날입니다. 콴자는 아프리카계 미국인들의 명절입니다. 콴자는 아프리카계 미국인들을 그들의 아프리카 전통 문화와 연결시켜 줍니다. 그들은 자신들의 아프리카 정체성을 기념합니다. 미국에 있는 아프리카 가정들은 아프리카 국기를 걸어 둡니다. 그리고 그들은 큰 잔치를 준비합니다. 그들은 가족과 친구들과 함께 잔치를 벌입니다. 그러고 나서, 그들은 아프리카 전통 북을 연주합니다. 모든 사람들이 리듬에 맞춰 춤을 춥니다. 1월 1일은 콴자의 마지막 날입니다. 콴자 선물을 열어 볼 시간입니다!

Read and Complete

1. 아프리카계 미국인 가정들은 친구들과 함께 큰 잔치를 엽니다.
   feast
2. 사람들은 아프리카 북의 리듬에 맞춰 춤을 춥니다. rhythm

Comprehension Checkup

A. 1. 누가 콴자를 기념합니까? ⓒ
ⓐ 아프리카인들 ⓑ 아프리카에 사는 미국인들
ⓒ 아프리카계 미국인들
2. 그들은 언제 선물을 열어봅니까? ⓑ
ⓐ 콴자가 끝난 후에 ⓑ 콴자의 마지막 날에
ⓒ 콴자의 첫날에
3. 콴자는 왜 아프리카계 미국인들에게 의미가 있습니까? ⓓ
ⓐ 콴자는 그들이 아프리카로 돌아가게 해주기 때문이다.
ⓑ 콴자는 아프리카 음악의 힘을 보여주기 때문이다.
ⓒ 콴자는 미국인들에게 아프리카 문화를 소개해주기 때문이다.
ⓓ 콴자는 그들을 아프리카 전통 문화와 연결해주기 때문이다.
4. 콴자에 대해 틀린 것은 무엇입니까? ⓑ
ⓐ 사람들은 아프리카 국기를 걸어 둔다.
ⓑ 사람들은 콴자를 3~4일 동안 즐긴다.
ⓒ 사람들은 서로를 위한 선물을 준비한다.
ⓓ 사람들은 잔치에서 먹고 춤을 춘다.

B. 콴자는 아프리카계 ①미국인들에게 큰 명절입니다. 콴자는 그들이 자신들의 ②전통 문화를 즐기도록 해줍니다. 그들은 자신들의 아프리카 ③정체성을 기념합니다.
① Americans ② traditional ③ identity

Wrap Up

① African ② celebrate ③ identity ④ feast

기간, 의미	12월 26일부터 1월 1일까지 아프리카계 미국인들의 명절
기념하는 것	아프리카계 미국인들이 그들의 전통 문화를 기념합니다.
이유	그들은 자신들의 아프리카 정체성을 자랑스럽게 여깁니다.
하는 일	그들은 함께 큰 잔치를 벌입니다.

Unit 23 여러분이 살 수 있는 것 p.64

여러분은 돈으로 주로 무엇을 구매합니까? 돈은 상품이나 서비스를 구매하는 데 쓰일 수 있습니다. 상품은 실체가 있는 것이어서, 여러분이 보거나 만질 수 있습니다. 식당에서의 식사는 상품입니다. 상품을 만드는 데 돈이 들고, 그래서 그것을 구매하는 데 돈이 듭니다. 서비스는 돈을 벌기 위해 사람들이 하는 것입니다. 식당의 종업원들은 고객들에게 식사를 가져다줌으로써 서비스를 제공합니다. 그들의 시간, 기술, 노력은 돈이 듭니다. 고객들은 가게와 식당 같은 장소에서 상품과 서비스 둘 다에 대해 돈을 지불합니다.

Read and Complete

1. 사람들은 상품과 서비스를 구매하기 위해 돈을 사용합니다.
   goods
2. 식당에서 고객들은 서비스에 대해 돈을 지불합니다.
   Customers

Comprehension Checkup

A. 1. 상품의 예는 무엇입니까? ⓑ
ⓐ 공연 ⓑ 햄버거 ⓒ 버스 탑승
2. 서비스의 예는 무엇입니까? ⓒ
ⓐ 책 ⓑ 전화기 ⓒ 피아노 강습
3. 상품에 대해 알맞은 것은 무엇입니까? ⓒ
ⓐ 상품은 보거나 만질 수 없다.
ⓑ 고객들과 같은 사람은 상품이 될 수 있다.
ⓒ 상품을 만들기 위해서는 돈이 필요하다.
ⓓ 상품은 당신을 위한 시간과 기술이다.
4. 고객들은 왜 서비스에 대해 돈을 지불해야 합니까? ⓐ
ⓐ 서비스를 제공하기 위한 노력은 돈이 들기 때문이다.
ⓑ 서비스는 음식을 만들기 위한 행동이기 때문이다.
ⓒ 서비스는 고객들에게 무료이기 때문이다.
ⓓ 서비스는 고객들에 의해 제공되기 때문이다.

B. 고객들은 상품과 서비스에 ①돈을 사용합니다. 상품은 ②실체가 있는 것입니다. 서비스는 사람들이 돈을 ③벌기 위해 하는 것입니다.
① money ② physical ③ earn

Wrap Up

① money ② goods ③ services ④ time

고객은 ~에 비용을 지불합니다	
상품	서비스
• 실체가 있는 것들 • 그것들을 보거나 만질 수 있습니다.	• 사람들의 행동 • 시간, 기술, 노력

Unit 24 영웅을 기억하기 p.66

군인들은 나라를 안전하게 지킵니다. 때때로, 그들은 전쟁에 참전하고 나라를 지키기 위해 심지어 자신의 목숨을 내놓습니다. 미국의 현충일은 전사한 군인들에게 헌정된 공휴일입니다. 현충일은 미국 남북 전쟁 후 1868년에 시작되었습니다. 현충일에 미국 시민들은 군인들의 희생을 기억합니다. 그들은 묘지를 방문하고 꽃을 가져다 놓습니다. 많은 자원봉사자들이 군인들의 무덤에 미국 국기를 둡니다. 현충일은 5월의 마지막 월요일입니다. 대부분의 근로자들과 학생들은 그날 쉽니다. 군인들이 했던 숭고한 희생을 잊지 않는 것은 중요합니다.

Read and Complete

1. 어떤 군인들은 자신의 나라를 보호하기 위해 죽었습니다.
   protect
2. 때때로, 군인들은 전쟁에서 싸웁니다. war

Comprehension Checkup

A. 1. 현충일은 무엇을 기념합니까? ⓒ
ⓐ 열심히 일하는 근로자들 ⓑ 용감한 시민들
ⓒ 전사한 군인들
2. 현충일은 언제 시작되었습니까? ⓐ
ⓐ 미국 남북 전쟁 후에 ⓑ 5월의 마지막 월요일 이후에
ⓒ 많은 자원봉사자들의 휴일 후에
3. 현충일은 왜 중요합니까? ⓒ
ⓐ 현충일이 미국을 안전하게 지켜주기 때문이다.
ⓑ 현충일이 자원봉사자들에게 할 일을 더 많이 주기 때문이다.
ⓒ 현충일이 사람들이 군인들의 희생을 기억하게 해주기 때문이다.
ⓓ 현충일이 미국의 가장 큰 휴일 중에 하나이기 때문이다.

4. 미국인들이 현충일에 하지 않는 것은 무엇입니까? ⓑ
ⓐ 미국인들은 전사한 군인들을 기억한다.
ⓑ 미국인들은 전쟁을 경험한다.
ⓒ 미국인들은 무덤에 깃발을 둔다.
ⓓ 미국인들은 묘지에 꽃을 가져간다.

B. 현충일은 전사한 군인들에게 헌정됩니다. 미국 시민들은 나라를 지키기 위한 군인들의 희생을 ①기억합니다. 시민들은 군인들의 ③무덤/묘지에 ②꽃과 깃발을 가져다 놓습니다.
① remember ② flowers
③ graves/cemeteries

Wrap Up
① Monday ② remember ③ sacrifice
④ cemeteries

현충일	
날짜	• 5월의 마지막 월요일
의미	• 전사한 군인들을 기억하는 기념일
하는 일	• 군인들의 희생을 기억합니다 • 꽃과 깃발을 들고 묘지를 방문합니다

Unit 25 정보의 좋은 자료 p.68

율리우스 카이사르는 많은 역사 박물관과 책에 있습니다. 그는 2천 년 전에 살았습니다. 그는 고대 로마의 정치가였습니다. 우리는 그의 삶에 대해 1차 자료를 통해 알고 있습니다. 1차 자료는 과거로부터의 편지와 사진입니다. 카이사르는 일기를 썼는데, 그것이 현대까지 남아 있었습니다. 역사학자들은 그의 일기를 통해 그의 삶에 대해 많이 알게 됐습니다. 우리는 또한 고대 로마의 동전에서 카이사르의 외모를 볼 수 있습니다. 이러한 1차 자료는 우리가 과거의 사람들에 대해 이해하는 데 도움을 줍니다. 그것들이 없으면, 그들의 많은 과거는 수수께끼일 것입니다.

Read and Complete
1. 율리우스 카이사르는 로마의 정치가였습니다. politician
2. 역사학자들은 카이사르의 삶을 알기 위해 1차 자료를 연구했습니다. primary

Comprehension Checkup
A. 1. 카이사르는 어떤 1차 자료를 만들었습니까? ⓐ
ⓐ 일기 ⓑ 박물관 ⓒ 역사학자
2. 우리는 어떻게 카이사르의 외모를 압니까? ⓐ
ⓐ 동전에서 ⓑ 편지에서 ⓒ 책에서
3. 1차 자료가 아닌 것은 무엇입니까? ⓒ
ⓐ 동전 ⓑ 편지 ⓒ 박물관 ⓓ 일기
4. 1차 자료는 왜 중요합니까? ⓓ
ⓐ 1차 자료는 2천 년 넘게 남아 있었기 때문이다.
ⓑ 1차 자료는 과거를 수수께끼로 만들기 때문이다.
ⓒ 1차 자료는 역사학자들이 로마에 대해 연구하게 만들기 때문이다.
ⓓ 1차 자료는 우리가 역사적인 사람들을 아는 데 도움을 주기 때문이다.

B. ①역사학자들은 과거를 이해하기 위해 1차 자료를 이용합니다. 고대 로마의 동전은 우리에게 율리우스 카이사르가 어떻게 ②생겼는지 보여주었습니다. 그의 ③일기는 우리에게 그의 삶에 대해 말해주었습니다.
① Historians ② looked ③ journal

Wrap Up
① past ② understand ③ journal ④ Historians

1차 자료	
종류	과거로부터의 편지와 사진
의미	과거의 사람들에 대해 이해하는 데 도움을 줍니다
예시	카이사르의 일기: 역사학자들은 그의 삶에 대해 많이 알게 됐습니다.

WORD REVIEW

Unit 21 ~ 25 p.70

A.

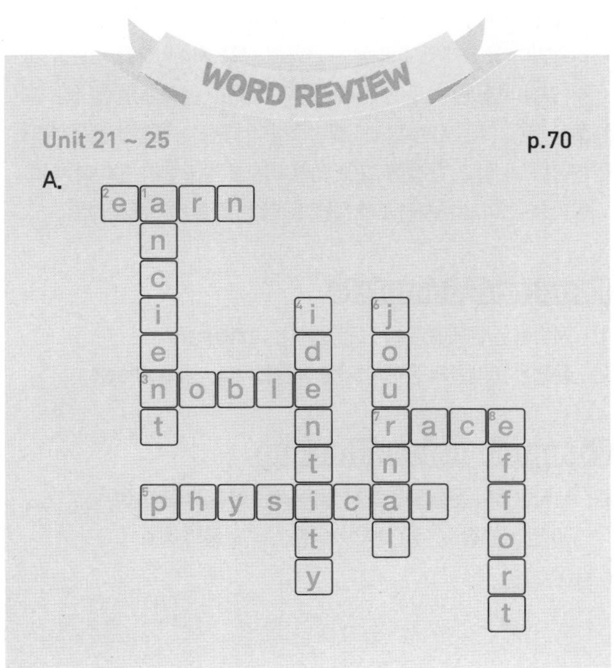

B. 1. ⓑ 공동체, 지역 사회: 공통점이 있는 사람들의 집단
2. ⓒ 상품: 실체가 있어서 보거나 만질 수 있는 것
3. ⓐ (특정) 지역, 지방: 당신과 당신의 이웃이 사는 곳
4. ⓓ 1차 자료: 과거로부터의 편지나 사진

C. 1. prepare 2. provide
3. dedicated 4. sacrifice
5. mystery

D. 1. 선생님께서 무엇인가 설명하고 계실 때, 나는 헷갈려서 손을 들었습니다. put up
2. 관자는 아프리카계 미국인들을 그들의 아프리카 전통 문화와 연결시켜 줍니다. connects, to
3. 내 지역에는, 예를 들어, 큰 아시아인 공동체가 있습니다. for example
4. 고객들은 식당 같은 장소에서 상품과 서비스 둘 다에 대해 돈을 지불합니다. pay for
5. 때때로, 군인들은 전쟁에 참전합니다. take part in

Unit 26 돈과 이자 p.72

여러분은 돈을 어디에 보관하나요? 대부분의 어린이들은 돈을 보관하기 위해 돼지 저금통이나 다른 안전한 장소를 갖고 있습니다. 대부분의 어른들은 일반 은행을 이용합니다. 은행은 사람들의 돈을 안전하게 보관하고 그에 대한 이자를 지불합니다. 이자는 돈의 비용입니다. 그래서, 여러분은 은행에 돈을 저축함으로써 돈을 벌 수 있습니다. 한편, 은행은 고객들이 저축한 돈을 사용합니다. 그들은 돈을 다른 사람들에게 빌려줍니다. 대출자들은 그 돈을 제때에 갚아야 하고, 은행에 그에 대한 이자를 지불해야 합니다. 이런 방식으로, 이자는 사람들과 은행 둘 다 돈을 벌게 해줍니다.

Read and Complete

1. 사람들은 은행에 돈을 보관합니다. money
2. 은행은 고객들의 돈에 이자를 지불합니다. interest

Comprehension Checkup

A. 1. 사람들이 돈을 보관하지 않는 곳은 어디입니까? ⓒ
ⓐ 안전한 장소 ⓑ 돼지 저금통 ⓒ 보통의 장소
2. 돈의 비용은 무엇입니까? ⓑ
ⓐ 안전 ⓑ 이자 ⓒ 대출자
3. 당신은 은행을 이용함으로써 어떻게 돈을 벌 수 있습니까? ⓐ
ⓐ 은행은 당신의 돈을 보관하고 당신에게 이자를 준다.
ⓑ 당신은 이자 없이 돈을 안전하게 보관할 수 있다.
ⓒ 당신은 이자를 받고 은행에 돈을 빌려줄 수 있다.
ⓓ 당신은 친구에게 은행을 소개해 줌으로써 이자를 받을 수 있다.
4. 은행은 어떻게 돈을 법니까? ⓐ
ⓐ 대출자들이 은행에 이자를 지불한다.
ⓑ 은행은 빌려주는 사람과 대출자를 연결한다.
ⓒ 은행은 고객들이 저축한 돈을 보관한다.
ⓓ 고객들은 돈을 보관하는 것에 대해 은행에 이자를 지불한다.

B. 사람들은 돈을 은행에 ①보관합니다. 은행은 그들에게 이자를 줍니다. 은행은 고객들이 저축한 돈을 다른 사람들에게 ②빌려주기 위해 사용합니다. 대출자들은 그 돈을 이자와 함께 ③갚아야 합니다.
① keep/save ② lend ③ pay

Wrap Up

① keep ② get ③ lend ④ pay

누구	그들이 하는 일	이자에 대하여
고객	돈을 은행에 안전하게 보관합니다	이자를 받습니다
은행	그들은 고객의 돈을 다른 사람에게 빌려줍니다.	대출자들이 이자와 함께 돈을 갚습니다.

Unit 27 법과 규칙 p.74

부모님과 선생님은 어린이들을 안전하게 지키기 위해 규칙을 만듭니다. 정부도 시민들을 안전하게 지키기 위해 규칙을 만듭니다. 이것은 정부의 많은 기능들 중 하나입니다. 정치가들은 시민들이 따라야 할 법을 만듭니다. 예를 들어, 그들은 살인과 절도를 막는 법을 만들 수 있습니다. 그것들은 보편적인 법입니다. 모든 나라는 이런 법이 있습니다. 그러나, 정부는 종종 지역 법을 만듭니다. 이러한 법은 그 지역의 주민들에게는 중요합니다. 예를 들어, 싱가포르에서는 비둘기에게 먹이를 주는 것은 법에 위반됩니다. 하지만 대부분의 다른 나라에서는 가능합니다!

Read and Complete

1. 법은 시민들을 안전하게 지키는 것을 돕습니다. citizens
2. 정부는 보편적인 법과 지역 법을 둘 다 만듭니다. universal

Comprehension Checkup

A. 1. 보편적인 법이 막고자 하는 것은 무엇입니까? ⓒ
ⓐ 흡연 ⓑ 비둘기를 기르는 것 ⓒ 무언가를 훔치는 것
2. 지역 법이 막고자 하는 것은 무엇입니까? ⓑ
ⓐ 규칙을 따르는 것 ⓑ 비둘기에게 먹이를 주는 것
ⓒ 누군가를 죽이는 것
3. 법에 대해 틀린 것은 무엇입니까? ⓒ
ⓐ 정치가들이 법을 만든다.
ⓑ 시민들은 법을 따라야 한다.
ⓒ 지역 법은 어디서나 같다.
ⓓ 사람을 죽이는 것을 금지하는 법은 보편적이다.
4. 글을 통해 정치가들에 대해 유추할 수 있는 것은 무엇입니까? ⓓ
ⓐ 정치가들은 법을 따르지 않아도 된다.
ⓑ 정치가들은 지역 법만 만들 수 있다.
ⓒ 정치가들은 특정 지역에 살아야 한다.
ⓓ 정치가들은 정부와 시민들을 위해 일한다.

B. 정부의 정치가들은 시민들을 안전하게 지키기 위해 ①법을 만듭니다. ②보편적인 법은 어디서나 따라야 하지만, ③지역 법은 특정 지역만을 위한 것입니다.
① laws ② Universal ③ local

Wrap Up

① safe ② universal ③ country ④ area

법 제정	
목적	• 시민들을 안전하게 지키기 위해서
종류	• 보편적인 법: 모든 나라에서 통용 • 지역 법: 특정 지역 주민들에게 적용

Unit 28 포카혼타스의 몇 가지 도움 p.76

버지니아주 제임스타운에서의 삶은 힘들었습니다. 1607년에, 영국 정착민들은 그곳에 마을을 만들었습니다. 하지만, 그들은 충분한 식량을 기르거나 찾을 수 없었습니다. 미국 원주민들은 자주 그들의 마을을 공격했습니다. 어느 날, 미국 원주민들은 정착민의 대장인 존 스미스를 포로로 잡았습니다. 부족의 족장은 스미스를 죽이고 싶었습니다. 그의 딸은 연민을 느껴 스미스를 구해줬습니다. 곧, 스미스는 그 부족과 친구가 되었습니다. 포카혼타스는 영국인들에게 식량을 재배하고 찾는 방법을 보여주었습니다. 그녀는 두 집단 사이에서 평화의 상징이 되었습니다. 오늘날, 우리는 디즈니 영화에서도 포카혼타스의 이야기를 볼 수 있습니다!

Read and Complete

1. 영국 정착민들은 제임스타운에 마을을 만들었습니다. settlers
2. 포카혼타스는 그 부족의 족장의 딸이었습니다. chief

Comprehension Checkup

A. 1. 영국 정착민들은 어떤 어려움을 겪었습니까? ⓐ
ⓐ 식량 재배하기 ⓑ 마을 만들기 ⓒ 친구들 찾기
2. 누가 존 스미스를 죽이려고 했습니까? ⓒ
ⓐ 정착민들 ⓑ 포카혼타스 ⓒ 부족의 족장
3. 미국 원주민들에 대해 틀린 것은 무엇입니까? ⓒ
ⓐ 미국 원주민들은 부족으로 구성되었다.
ⓑ 미국 원주민들은 정착민들을 자주 공격했다.
ⓒ 미국 원주민들은 정착민들과 친구가 되고 싶었다.
ⓓ 미국 원주민들은 영국 정착민들의 대장을 붙잡았다.
4. 포카혼타스는 어떻게 영국 정착민들을 도왔습니까? (두 개의 정답을 고르세요.) ⓐ, ⓑ
ⓐ 포카혼타스는 정착민들의 대장을 구했다.
ⓑ 포카혼타스는 식량을 찾는 방법을 그들에게 알려주었다.
ⓒ 포카혼타스는 부족의 족장을 포로로 붙잡았다.
ⓓ 포카혼타스는 그들을 위해 버지니아주에 마을을 만들었다.

B. 존 스미스 대장은 버지니아주의 영국 ①정착민이었습니다. 포카혼타스는 그의 목숨을 ②구해 주었고, 정착민들을 도와줬습니다. 그녀는 또한 미국 ③원주민들과 정착민들 사이에 평화를 가져오는 데 도움을 줬습니다.
① settler ② saved ③ Native

Wrap Up

3 포카혼타스가 영국인 남자를 도왔습니다.
2 미국 원주민들은 영국인 정착민들을 공격했습니다.
1 영국 정착민들은 버지니아주 제임스타운에 마을을 만들었습니다.
4 포카혼타스는 평화의 상징이 되었습니다.

Unit 29 금의 가치 p.78

금은 왜 물보다 더 비쌀까요? 그것은 수요와 공급 때문입니다. 만약에 많은 사람들이 한 상품을 구매하고 싶어 하면, 높은 수요가 있는 것입니다. 높은 수요는 무언가를 더 가치 있게 만듭니다. 공급은 시장에 있는 한 상품의 양입니다. 한 상품의 낮은 공급은 그것을 더 가치 있게 만듭니다. 많은 사람들이 금이나 물을 구매하고 싶어 하니, 둘 다 높은 수요가 있습니다. 물은 어디에나 있지만, 세상에 금은 많지 않습니다. 그래서, 높은 수요와 낮은 공급이 금을 물보다 더 비싸게 만듭니다.

Read and Complete

1. 어떤 사람들이 한 상품을 사고 싶어 하고, 그것이 수요입니다.
demand
2. 금은 세상에 많지 않기 때문에 가치가 있습니다/비쌉니다.
valuable/expensive

Comprehension Checkup

A. 1. 시장에 있는 한 상품의 양은 무엇입니까? ⓒ
ⓐ 가치 ⓑ 수요 ⓒ 공급
2. 어떤 것을 더 가치 있게 만들 수 있는 것은 무엇입니까? ⓑ
ⓐ 낮은 수요 ⓑ 낮은 공급 ⓒ 높은 공급
3. 한 상품에 대한 높은 수요는 무엇을 의미합니까? ⓓ
ⓐ 그 상품은 구매하기 쉽다.
ⓑ 아무도 그 상품을 원하지 않는다.
ⓒ 몇몇 사람들이 그 상품을 원한다.
ⓓ 많은 사람들이 그 상품을 원한다.
4. 금에 대해 틀린 것은 무엇입니까? ⓑ
ⓐ 금은 공급이 적다.
ⓑ 그것을 원하는 사람이 거의 없다.
ⓒ 금은 수요가 많다.
ⓓ 금은 물보다 가치가 더 많다.

B. 금은 낮은 ①공급 때문에 물보다 더 비쌉니다. 두 상품 모두 ②높은 수요가 있지만, 금은 얻기가 쉽지 않습니다. 그래서 그것이 더 ③비쌉니다/가치가 있습니다.
① supply ② high ③ expensive/valuable

Wrap Up

① demand ② supply ③ valuable ④ gold

상품의 가치

높은 수요 : 많은 이들이 사고 싶어 합니다.	+	낮은 공급	→	비싼, 금처럼 가치 있는

Unit 30 민속 설화 p.80

민속은 한 문화의 이야기와 전통입니다. 그것들은 세대에서 세대로 전해집니다. 이는 오랜 시간에 걸쳐 문화를 보존하고 이어 가도록 돕습니다. 설화는 민속의 중요한 부분입니다. 모든 문화에는 고유의 전통 설화들이 있습니다. 유럽에서, 이런 이야기들은 주로 "옛날 옛날에…" 로 시작합니다. 부모들은 이런 이야기들을 통해 아이들을 가르칩니다. 설화는 주로 아이들에게 정직, 친절, 용기에 관한 교훈을 가르칩니다. 몇몇 유명한 설화 중에는 '빨간 꼬마 암탉'과 '신데렐라'가 있습니다. 여러분의 부모님들은 여러분에게 어떤 설화를 전해 주었나요?

Read and Complete

1. 민속은 한 문화의 전통입니다. Folklore
2. 설화에는 아이들을 위한 교훈이 담겨 있습니다. lessons

Comprehension Checkup

A. 1. 주로 누가 어린이들에게 설화를 말해줍니까? ⓐ
ⓐ 부모 ⓑ 선생님 ⓒ 강사
2. 설화는 주로 아이들에게 어떤 교훈을 가르칩니까? ⓒ
ⓐ 돈을 버는 법 ⓑ 더 똑똑해지는 법 ⓒ 바르게 행동하는 법
3. 민속에 대해 틀린 것은 무엇입니까? ⓑ
ⓐ 민속은 전통을 보존한다.
ⓑ 민속은 대개 유럽에서 온다.
ⓒ 민속은 문화의 중요한 부분이다.
ⓓ 민속은 세대에서 세대로 전해진다.
4. 글을 통해 설화에 대해 유추할 수 있는 것은 무엇입니까? ⓒ
ⓐ 설화는 정해진 형식이 있다.
ⓑ 유럽인들은 특히 설화를 무척 좋아했다.
ⓒ 각각의 문화는 고유의 유명한 설화가 있다.
ⓓ '신데렐라'는 세상에서 가장 유명한 설화이다.

B. 민속은 문화의 전통을 ①보존하는/이어 가는 데 도움을 줍니다. 부모들은 ②설화를 통해 아이들에게 정직과 용기에 대한 교훈을 가르칩니다. 이는 문화를 다음 ③세대로 전달합니다.
① preserve/continue ② folktales
③ generation

Wrap Up

① traditions ② culture ③ folklore ④ bravery

민속	설화
• 문화의 전통 • 세대에서 세대로 전해집니다 • 문화를 보존하고 이어 갑니다	• 민속의 중요한 부분 • 어린이들에게 정직, 친절, 용기에 관한 교훈을 가르칩니다

D. 1. 대출자들은 그 돈을 제때에 갚아야 하고, 은행에 그에 대한 이자를 지불해야 합니다. pay back
2. 포카혼타스는 영국인들에게 식량을 재배하고 찾는 방법을 보여주었습니다.
showed, the way
3. 높은 수요와 낮은 공급이 금을 물보다 더 비싸게 만듭니다. more, than
4. 유럽에서, 설화는 주로 "옛날 옛날에…" 로 시작합니다.
begin with
5. 여러분의 부모님들은 여러분에게 어떤 설화를 전해 주었나요? passed down

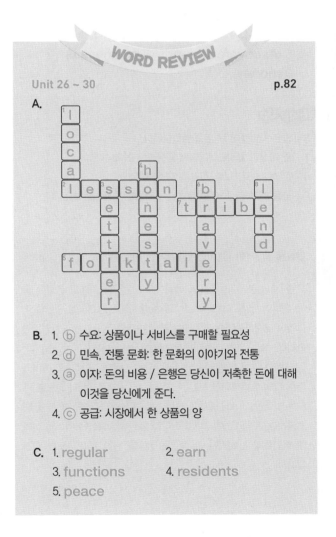

WORD REVIEW

Unit 26 ~ 30 p.82

A.

```
1l
 o
 c
 a           4h
2l  e  3s  s  o  n     6b        8l
       e      n    7t  r  i  b   e
       t      e        a         n
       t      s        v         d
5f  o  l  k   t  a  l  e
       e      y        r
       r               y
```

B. 1. ⓑ 수요: 상품이나 서비스를 구매할 필요성
2. ⓓ 민속, 전통 문화: 한 문화의 이야기와 전통
3. ⓐ 이자: 돈의 비용 / 은행은 당신이 저축한 돈에 대해 이것을 당신에게 준다.
4. ⓒ 공급: 시장에서 한 상품의 양

C. 1. regular 2. earn
3. functions 4. residents
5. peace

Unit 31 미국의 노예 제도 p.84

노예 제도는 식민지 시대의 미국에서 흔했습니다. 18세기에, 농장주들은 농장 일을 위해 아프리카 노예들을 이용했습니다. 이 노예들은 농장에서 살았고 재산처럼 소유되었습니다. 뜨거운 태양 아래 하루 종일 일한 후에, 그들은 오두막으로 돌아갔습니다. 온 가족이 작은 오두막의 바닥에서 살고 잠을 잤습니다. 저녁 식사는 주로 쌀이나 콩, 다른 작물들이었습니다. 고기는 주로 농장주만을 위한 것이었습니다. 노예들은 소유물을 거의 갖지 못했고 돈이 없었습니다. 그들은 단지 잠을 자기 위한 담요와 요리를 위한 접시만 갖고 있었습니다.

Read and Complete

1. 식민지 시대의 미국인들은 많은 노예들을 가졌습니다. slaves
2. 대부분의 이런 노예들은 아프리카 출신이었습니다. Africa

Comprehension Checkup

A. 1. 대부분의 노예들은 어디에서 일했습니까? ⓐ
ⓐ 농장에서 ⓑ 주인의 오두막에서 ⓒ 아프리카의 농장에서
2. 노예들은 그들의 노동에 대해 무엇을 받았습니까? ⓐ
ⓐ 아무 것도 받지 않음 ⓑ 적은 재산 ⓒ 적은 양의 돈
3. 노예들의 생활 환경에 대해 틀린 것은 무엇입니까? ⓓ
ⓐ 노예들은 기본적인 물품들이 충분하지 않았다.
ⓑ 노예들은 양질의 음식을 먹지 못했다.
ⓒ 노예들은 작은 오두막의 바닥에서 잠을 잤다.
ⓓ 노예들은 절대 가족을 꾸릴 수 있게 허락되지 않았다.

4. 농장주에 대해 알맞은 것은 무엇입니까? ⓐ
ⓐ 농장주들은 노예들을 형편없이 대했다.
ⓑ 농장주들은 고기를 얻기 위해 가축을 길렀다.
ⓒ 농장주들은 노예들과 함께 낮 동안 일했다.
ⓓ 농장주들은 노예들을 부양하기 위해 얼마간의 돈을 지불했다.

B. 18세기에 많은 노예들은 ①식민지 시대의 미국에 살았습니다. 그들은 소유된 ②재산과 같아서 주인들은 그들에게 돈을 지불하지 않았습니다. 그들은 주인의 ③농장에서 살고 일했습니다.
① Colonial ② property ③ plantations

Wrap Up

① common ② owned ③ huts ④ possessions

미국의 노예 제도	
신분 상태	생활
• 18세기 식민지 시대의 미국에서 흔한 • 재산처럼 소유된	• 하루 종일 일하는 • 오두막에서 사는 • 쌀이나 콩을 먹는 • 소유물이 거의 없는

Unit 32 캘리포니아의 골드러시 p.86

존 마샬(John Marshal)은 캘리포니아주를 건설하는 데 도움을 줬습니다. 1848년에, 그는 캘리포니아에서 금을 발견했습니다. 그 소식은 곧 전 세계로 퍼졌습니다. 누구라도 그곳에서 공짜로 금을 찾을 수 있었습니다! 그때 당시, 약 1천 명의 미국인들만 캘리포니아에 살고 있었습니다. 금을 찾기 위해 전 세계에서 30만 명이 넘는 사람들이 그곳으로 몰려들었습니다. 대부분은 금을 찾지 못했습니다. 하지만 많은 사업들이 큰 돈을 벌었습니다. 그 사업들은 광부들에게 음식, 옷, 장비를 판매했습니다. 광부들과 사업가들은 도로, 교회, 학교가 필요했습니다. 그래서 정부는 그것들을 지었습니다.

Read and Complete

1. 존 마샬은 캘리포니아에서 최초로 금을 발견한 사람이었습니다.
gold
2. 수천 명의 사람들이 금을 찾기 위해 캘리포니아로 모여들었습니다.
California

Comprehension Checkup

A. 1. 골드러시 이전에, 얼마나 많은 사람들이 캘리포니아에 살았습니까? ⓐ
ⓐ 약 1,000명 ⓑ 1,848명 ⓒ 약 30만 명
2. 골드러시 동안 누가 많은 돈을 벌었습니까? ⓑ
ⓐ 선생님들 ⓑ 사업가들 ⓒ 정부
3. 존 마샬의 소식은 왜 많은 사람들에게 흥미로웠습니까? ⓐ
ⓐ 그 소식은 사람들이 부자가 되는 꿈을 꾸게 했기 때문이다.
ⓑ 그가 금을 찾기 위한 사람들을 찾고 있었기 때문이다.
ⓒ 그 소식은 그들이 광부가 되도록 도와주었기 때문이다.
ⓓ 그 소식은 캘리포니아의 새로운 일자리를 홍보했기 때문이다.
4. 골드러시에 대해 틀린 것은 무엇입니까? ⓒ
ⓐ 많은 사람들이 금을 찾는 것에 실패했다.
ⓑ 골드러시는 캘리포니아주를 건설하는 데 도움이 됐다.
ⓒ 정부는 금을 찾기 위해 광부들을 고용했다.
ⓓ 전 세계의 사람들이 캘리포니아로 왔다.

B. 1848년에 존 마샬은 캘리포니아에서 금을 ①발견했습니다. 전 세계에서 사람들이 금을 찾기 위해 왔습니다. 골드러시 동안, 음식과 옷을 파는 ②사업들이 많은 ③돈을 벌었습니다.
① discovered/found ② businesses
③ money

Wrap Up

3 많은 사업들이 큰 돈을 벌었습니다.
1 존 마샬이 캘리포니아에서 금을 발견했습니다.
4 정부는 도로, 교회, 학교를 지었습니다.
2 금을 찾기 위해 30만 명이 넘는 사람들이 몰려들었습니다.

Unit 33 애니메이션 산업의 한 사업가 p.88

요즘, 수많은 사람들은 애니메이션으로 된 프로그램과 영화를 즐겨 봅니다. 월트 디즈니(Walt Disney)는 최초로 그것을 만들었고, 그것이 대중화되었습니다. 그는 훌륭한 아이디어를 가진 사업가였습니다. 그는 그의 그림과 캐릭터들을 사업화시키고 싶었습니다. 당시에 TV 프로그램에는 실제 배우들만 나왔습니다. 그의 아이디어는 그의 애니메이션으로 된 그림들로 TV 프로그램과 영화를 만드는 것이었습니다. 하지만, 그는 성공하기 전까지 3백 번 넘게 해고당하고 거절당했습니다! 디즈니와 같은 사업가들은 위기와 실패에 직면합니다. 하지만 그들은 큰 성공을 위한 기회들 또한 갖게 됩니다!

Read and Complete

1. 월트 디즈니는 훌륭한 아이디어를 가진 사업가였습니다.
   entrepreneur
2. 사람들은 여전히 월트 디즈니의 애니메이션 영화를 즐겨 봅니다.
   animated

Comprehension Checkup

A. 1. 월트 디즈니는 무엇을 처음으로 만들어 냈습니까? ⓒ
ⓐ 영화들 ⓑ TV 프로그램들 ⓒ 애니메이션으로 된 프로그램들
2. 월트 디즈니의 아이디어 이전에 사람들은 TV 프로그램에서 무엇을 보았습니까? ⓑ
ⓐ 성우들 ⓑ 실제 배우들만 ⓒ 애니메이션으로 된 그림들
3. 월트 디즈니와 같은 사업가들에 대해 알맞은 것은 무엇입니까? ⓒ
ⓐ 사업가들은 위기와 실패를 절대 직면하지 않는다.
ⓑ 사업가들은 때때로 오래된 아이디어들을 모방한다.
ⓒ 사업가들은 성공할 기회를 가진다.
ⓓ 사업가들은 TV 프로그램과 영화 보는 것을 싫어한다.
4. 글을 통해 월트 디즈니에 대해 유추할 수 있는 것은 무엇입니까? ⓑ
ⓐ 그는 TV 프로그램에 나오는 배우가 되고 싶었다.
ⓑ 그는 캐릭터를 그리는 것에 흥미가 있었다.
ⓒ 그는 TV 프로그램 보는 것을 지겨워했다.
ⓓ 그는 그의 꿈을 실현할 수 있을 정도로 충분히 부유했다.

B. 월트 디즈니는 유명한 사업가였습니다. 그의 새로운 ①아이디어는 TV 프로그램과 영화에 애니메이션으로 된 ②그림들을 사용하는 것이었습니다. 그는 ③위기와 실패에 직면한 후에 마침내 성공했습니다.
① idea ② drawings ③ risks

Wrap Up

① face ② create ③ fired ④ drawings

사업가	월트 디즈니
• 훌륭한 아이디어를 가진 사람들 • 위기와 실패에 직면합니다 • 최초로 무언가를 만들어 냅니다	• 애니메이션으로 된 TV 프로그램과 영화 • 해고당하고 거절당했습니다 • 그림을 사업으로 바꾸었습니다

Unit 34 여성의 투표할 권리 p.90

불과 100년 전 미국에서, 여성들은 법적인 권리가 거의 없었습니다. 여성들은 투표를 할 수도, 집을 소유할 수도, 대부분의 일을 할 수도 없었습니다. 여성들의 권리 운동은 1800년대에 시작했습니다. 여성들은 동등한 권리를 위해 투쟁했습니다. 투표할 권리인 여성의 참정권이 그들의 주요한 목표였습니다. 하지만, 미국의 법은 그들이 투표하는 것을 허용하지 않았습니다. 여성들은 그 법을 바꾸기 위해 정치 단체를 형성했습니다. 수잔 B. 앤서니(Susan B. Anthony)는 이러한 단체의 중요한 지도자였습니다. 그들의 노력으로 인해 법은 개정되었습니다. 여성들은 현재 동등한 법적인 권리를 가지고 있습니다.

Read and Complete

1. 약 100년 전까지, 미국에서 여성들은 투표를 할 수 없었습니다.
   vote
2. 여성들은 법을 바꾸기 위해 열심히 애썼습니다. law

Comprehension Checkup

A. 1. 1800년대 여성 운동의 목적은 무엇이었습니까? ⓐ
ⓐ 동등한 권리를 갖는 것
ⓑ 남성들에 대항하여 투쟁하는 것 ⓒ 대통령을 바꾸는 것
2. 여성의 참정권은 무엇을 의미합니까? ⓐ
ⓐ 투표할 권리 ⓑ 집을 소유하기 위한 노력
ⓒ 직업을 가질 권리
3. 여성들은 법을 바꾸기 위해 무엇을 했습니까? ⓑ
ⓐ 여성들은 일자리를 떠났다.
ⓑ 여성들은 정치 단체를 만들었다.
ⓒ 여성들은 여성들에게 투표했다.
ⓓ 여성들은 남성들에게 자신들을 도와 달라고 요청했다.
4. 여성 운동에 대해 틀린 것은 무엇입니까? ⓒ
ⓐ 그것은 불공평한 법을 바꾸는 데 도움이 됐다.
ⓑ 그것은 여성들에게 동등한 법적 권리를 주었다.
ⓒ 그것의 주요 목적은 재산을 가질 수 있는 권리를 얻는 것이었다.
ⓓ 수잔 B. 앤서니는 여성 단체의 지도자였다.

B. 1800년대에, 여성의 권리 ①운동은 ②투표할 동등한 권리를 위해 투쟁하기 시작했습니다. 여성들은 법을 ③바꾸기 위해 정치 단체를 형성했습니다. 그들의 노력 덕분에, 여성들은 현재 동등한 법적인 권리를 갖고 있습니다.
① movement ② vote ③ change

Wrap Up

① legal ② vote ③ political ④ equal

여성의 권리 운동

100년 전 미국	• 여성은 법적 권리가 거의 없었습니다.
여성들이 원했던 것	• 참정권: 투표할 권리
여성들이 한 일	• 정치 단체를 결성하고 법을 바꿨습니다 • 이제 동등한 법적 권리를 가지고 있습니다

Unit 35 힘의 균형 p.92

미국 정부의 세 기관은 서로의 힘의 균형을 유지합니다. 첫 번째 기관은 의회(입법부)입니다. 국회의원은 새로운 법을 만들 수 있습니다. 다음 기관은 대통령(행정부)입니다. 그는 국가의 지도자입니다. 마지막 기관은 판사(사법부)입니다. 판사는 법을 개정하거나 폐지할 수 있습니다. 각 기관은 다른 기관의 힘을 견제할 수 있습니다. 이러한 견제는 모든 기관들이 반드시 법을 따르도록 합니다. 그들은 다른 기관의 활동을 취소할 수 있는 힘도 갖고 있습니다. 예를 들어, 대통령은 의회의 새로운 법을 거부할 수 있습니다. 의회는 판사나 대통령을 해임하기 위해 투표를 할 수도 있습니다.

Read and Complete

1. 미국 정부는 세 개의 기관으로 구성됩니다. branches
2. 세 기관의 힘은 균형을 유지합니다. power

Comprehension Checkup

A. 1. 국회의원은 무엇을 하나요? ⓐ
ⓐ 새로운 법을 만든다 ⓑ 법을 폐지한다 ⓒ 국가를 이끈다
2. 의회는 어떻게 판사들이 반드시 법을 따르도록 합니까? ⓐ
ⓐ 그들을 해임하기 위해 투표를 함으로써
ⓑ 판사를 위한 법을 거부함으로써
ⓒ 대통령에게 그들을 해임하라고 요청함으로써
3. 대통령에 대해 알맞은 것은 무엇입니까? ⓑ
ⓐ 대통령은 새로운 법을 위반할 권리가 있다.
ⓑ 대통령은 새로운 법을 거부할 힘이 있다.
ⓒ 그의 주요 업무는 법의 문제를 찾는 것이다.
ⓓ 그는 판사를 해임함으로써 그들을 견제한다.
4. 세 기관은 왜 서로를 견제합니까? ⓑ
ⓐ 그들은 서로에게 영향을 주지 않으려 노력하기 때문이다.
ⓑ 그들은 모두가 반드시 법을 따르도록 해야 하기 때문이다.
ⓒ 그들은 가능한 한 많은 힘을 갖기를 원하기 때문이다.
ⓓ 그들은 새로운 법에 대해 토론해야 하기 때문이다.

B. 미국 정부는 ①대통령, 국회, 판사의 세 기관이 있습니다. 그들은 서로의 힘을 ②견제하고 ③균형을 유지합니다.
① President ② check
③ balance (②, ③ 순서 상관 없음)

Wrap Up

① Congress ② the President ③ judges

미국의 정부		
의회	대통령	판사
• 새로운 법을 만듭니다 • 판사나 대통령을 해임하기 위해 투표를 합니다	• 국가의 지도자 • 새로운 법을 거부할 수 있습니다	• 법을 개정하거나 폐지할 수 있습니다

WORD REVIEW

Unit 31 ~ 35 p.94

A.

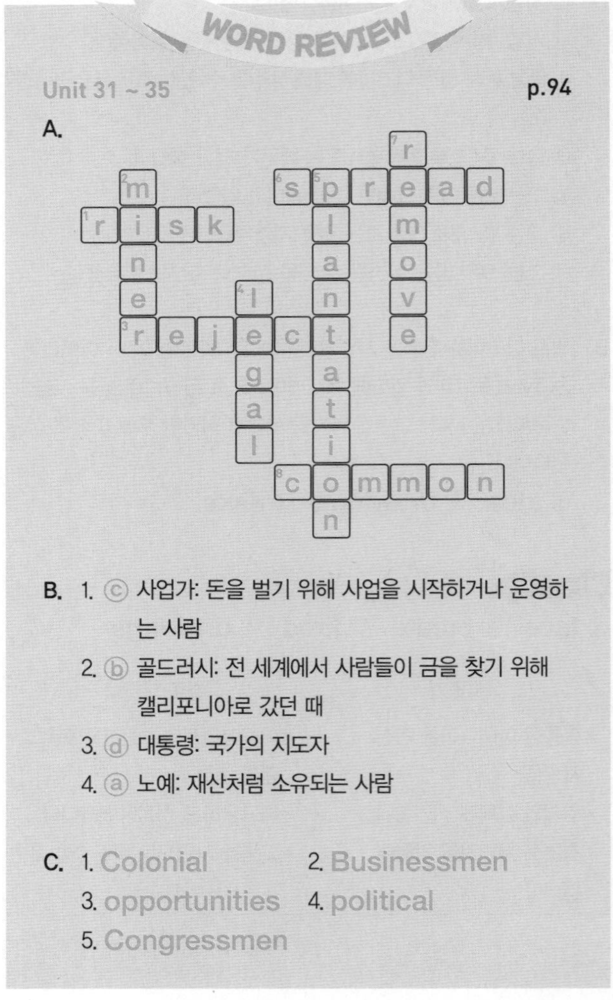

B. 1. ⓒ 사업가: 돈을 벌기 위해 사업을 시작하거나 운영하는 사람
2. ⓑ 골드러시: 전 세계에서 사람들이 금을 찾기 위해 캘리포니아로 갔던 때
3. ⓓ 대통령: 국가의 지도자
4. ⓐ 노예: 재산처럼 소유되는 사람

C. 1. Colonial 2. Businessmen
3. opportunities 4. political
5. Congressmen

D. 1. 아프리카 노예들은 농장에서 살았습니다.
lived on
2. 월트 디즈니는 그의 그림과 캐릭터들을 사업화시키고 싶었습니다. turn, into
3. 여성들은 1800년대에 동등한 권리를 위해 투쟁했습니다. fought for
4. 미국의 법은 여성들이 투표하는 것을 허용하지 않았습니다. allow, to
5. 견제와 균형은 세 기관이 모두 반드시 법을 따르도록 합니다. make sure

Unit 36 눈물의 길 p.96

1830년 이전에, 북미 원주민들은 미국 남부에서 자유롭게 살았습니다. 하지만, 미국 인구는 급격하게 증가하고 있었습니다. 그들은 북미 원주민의 영토로 확장하고 싶었습니다. 정부는 인디언 이주법을 통과시켰습니다. 이 법은 오클라호마에 인디언 구역을 만들었습니다. 이 구역은 북미 원주민들의 거주 구역에서 아주 멀리 떨어져 있었습니다. 정부군은 북미 원주민들을 새로운 집으로 향하는 수천 킬로미터를 강제로 걷게 했습니다. 식량도 많지 않았고, 여정은 몇 달이 걸렸습니다. 수천 명의 북미 원주민들이 병들어 죽었습니다. 그래서 그것은 '눈물의 길'로 기억됩니다.

Read and Complete

1. 인디언 이주법은 북미 원주민들을 그들의 집에서 몰아냈습니다.
Removal
2. 북미 원주민들은 새로운 집으로 향하는 수천 킬로미터를 걸어갔습니다. marched

Comprehension Checkup

A. 1. 북미 원주민들은 어디로 이동했습니까? ⓐ
ⓐ 오클라호마 ⓑ 미국 남부 ⓒ 미국인의 구역
2. 누가 북미 원주민들을 새로운 집으로 이끌고 갔습니까? ⓑ
ⓐ 인디언들 ⓑ 정부군 ⓒ 정부의 대표자
3. 정부는 왜 인디언 이주법을 통과시켰습니까? ⓑ
ⓐ 북미 원주민들이 그들을 자주 공격했기 때문이다.
ⓑ 그들은 북미 원주민의 영토를 차지하고 싶었기 때문이다.
ⓒ 그들은 북미 원주민들과 함께 살고 싶었기 때문이다.
ⓓ 그들은 북미 원주민들의 삶을 더 좋게 만들려고 했기 때문이다.
4. '눈물의 길'에 대해 틀린 것은 무엇입니까? ⓓ
ⓐ 충분한 식량을 찾기가 힘들었다.
ⓑ 수천 킬로미터의 길이였다.
ⓒ 많은 북미 원주민들이 병들어 죽었다.
ⓓ 북미 원주민들의 새로운 집으로 가는 데 몇 년이 걸렸다.

B. 1830년에, 인디언 이주법은 북미 ①원주민들을 새로운 구역으로 이동하게 만들었습니다. 그들은 수천 킬로미터를 걸어갔습니다. 많은 사람들이 아프거나 ②죽었습니다. 그래서 우리는 그것을 '③눈물의 길'이라고 부릅니다.
① Native ② died ③ Tears

Wrap Up

3 북미 원주민들은 새로운 집으로 이동하도록 강제되었습니다.
2 정부는 인디언 이주법을 통과시켰습니다.
4 많은 북미 원주민들이 여정 중에 병들어 죽었습니다.
1 미국 인구는 빠르게 증가했습니다.

Unit 37 선택은 비용이 든다 p.98

경제학에서, 기회 비용은 여러분이 선택을 할 때 잃게 되는 가치입니다. 모든 선택에는 가치와 비용이 있습니다. 때때로 우리는 두 개의 가치 있는 선택 사이에서 결정을 해야만 합니다. 그러나 가치와 비용은 돈으로만 측정되지는 않습니다. 예를 들어, 우정, 교육, 행복은 모두 가치가 있습니다. 여러분이 노는 것과 공부하는 것을 선택해야 한다고 상상해 보세요. 두 활동은 모두 가치가 있습니다. 여러분이 노는 것을 선택하면, 여러분은 행복합니다. 하지만 기회 비용은 지식입니다. 공부하는 것을 선택하는 것은 여러분에게 지식을 얻게 할 수 있지만, 재미를 잃는 것은 기회 비용입니다.

Read and Complete

1. 선택에는 보통 기회 비용이 있습니다. opportunity
2. 기회 비용은 두 선택 모두 가치가 있을 때 발생합니다. value

Comprehension Checkup

A. 1. 기회 비용 개념은 어디에서 왔습니까? ⓑ
ⓐ 과학 ⓑ 경제학 ⓒ 수학
2. 우리는 어떻게 기회 비용을 측정합니까? ⓒ
ⓐ 시간으로 ⓑ 돈으로 ⓒ 잃어버린 가치로

3. 공부하지 않는 것의 기회 비용은 무엇입니까? ⓓ
ⓐ 재미를 잃는 것
ⓑ 시간을 잃는 것
ⓒ 행복한 것
ⓓ 지식을 얻는 것
4. 기회 비용을 가지지 않는 선택지는 무엇입니까? ⓒ
ⓐ 자는 것 혹은 식사를 하는 것
ⓑ 공부하는 것 혹은 친구들을 만나는 것
ⓒ 스트레스를 줄이는 것 혹은 스트레스를 받는 것
ⓓ 일자리를 얻는 것 혹은 대학에 가는 것

B. 기회 ①비용은 우리가 두 개의 ③가치 있는 활동 사이에서 ②선택을 할 때 발생할 수 있습니다. 우리의 선택의 잃어버린 가치가 기회 비용입니다.
① cost ② choice ③ valuable

Wrap Up

① choice ② decide ③ values ④ measured

기회 비용	
의미	선택을 할 때 잃게 되는 가치
발생 상황	두 개의 가치 있는 선택 사이에서 결정을 할 때
성격	어떤 가치와 비용은 돈으로 측정되지 않습니다.

Unit 38 민주주의의 두 종류 p.100

민주주의 정부는 시민에 의해 통치됩니다. 민주주의에는 두 종류가 있습니다. 직접 민주주의에서는 시민들은 정부의 모든 결정에 대해 만나서 투표를 합니다. 대부분의 나라들은 직접 민주주의를 하기에는 너무 넓고 시민들은 너무 바쁩니다. 반면, 대의 민주주의에서는 시민들이 정부의 대표자들을 뽑습니다. 시민들은 자유롭고 공정한 선거에서 대표들에게 투표합니다. 대의 민주주의에서는 모든 시민들이 투표할 동등한 권리를 갖는 것이 중요합니다. 이런 대표자들은 시민들을 대표하고 그들을 위한 결정을 합니다. 미국, 프랑스, 인도는 대의 민주주의의 예입니다.

Read and Complete

1. 시민들은 민주주의에서 힘을 가집니다. Citizens
2. 선거에서, 시민들은 그들의 대표자들에게 투표할 수 있습니다. vote

Comprehension Checkup

A. 1. 직접 민주주의에서 시민들은 어떻게 정부의 결정에 대해 힘을 가집니까? ⓐ
ⓐ 만나서 투표함으로써 ⓑ 다른 결정을 함으로써
ⓒ 정부 대표자를 선택함으로써
2. 대의 민주주의에서 대표자들은 시민들을 위해 무엇을 합니까? ⓑ
ⓐ 시민들의 권리를 통제한다 ⓑ 그들을 위한 결정을 한다
ⓒ 투표를 하기 위해 시민들을 모은다
3. 왜 몇몇 나라들은 대의 민주주의를 가지고 있나요? ⓑ
ⓐ 대부분의 정부는 시민들을 믿지 않기 때문이다.
ⓑ 대부분의 나라에서 시민들은 너무 바쁘기 때문이다.
ⓒ 시민들은 중요한 결정을 내리는 것을 싫어하기 때문이다.
ⓓ 한 명의 좋은 대표자가 시민들보다 더 똑똑할 수 있기 때문이다.
4. 글쓴이는 왜 미국, 프랑스, 인도를 언급합니까? ⓒ
ⓐ 직접 민주주의에 반대하려고
ⓑ 왜 선거가 공정해야 하는지 설명하려고
ⓒ 대의 민주주의의 예를 들려고
ⓓ 직접 민주주의와 대의 민주주의를 비교하려고

B. ①직접 민주주의에서, 시민들은 정부가 내린 결정들에 대해 만나서 투표합니다. 반면, ③대의 민주주의에서 시민들은 대표자들에게 ②투표합니다.
① direct ② vote ③ representative

Wrap Up

① meet ② decision ③ choose ④ elections

직접 민주주의	• 시민들은 정부의 모든 결정에 대해 만나서 투표를 합니다.
대의 민주주의	• 시민들은 정부의 대표자들을 뽑습니다. • 시민들은 자유롭고 공정한 선거에서 대표들에게 투표합니다.

Unit 39 공공의 선을 위해: 미국 헌법 p.102

미국 헌법은 1787년에 쓰여졌습니다. 입안자는 조지 워싱턴(George Washington), 벤 프랭클린(Ben Franklin)과 미국의 다른 초기 설립자들입니다. 헌법은 일련의 법들입니다. 헌법은 미국 정부가 어떻게 일하는지를 말해줍니다. 설립자들은 새로운 종류의 자유로운 사회를 상상했습니다. 그 당시 유럽의 몇몇 정부들은 강력한 왕과 왕비가 있었습니다. 그들과는 달리, 설립자들은 정부가 제한된 힘을 가져야 한다고 믿었습니다. 그들은 시민들에게 정부 통제권을 주도록 헌법을 설계했습니다. 제한된 정부와 자유로운 시민들은 미국이 성장하고 강력해질 수 있도록 도왔습니다.

Read and Complete

1. 미국의 초기 설립자들이 미국 헌법을 썼습니다.
   Constitution
2. 설립자들은 자유로운 시민들이 있는 사회를 만들고 싶었습니다.
   citizens

Comprehension Checkup

A. 1. 미국 헌법은 우리에게 무엇을 말해줍니까? ⓐ
ⓐ 정부가 기능하는 방법
ⓑ 어떻게 초기 설립자들이 정부를 만들었는가
ⓒ 어떻게 왕과 왕비의 힘을 통제하는가
2. 사회를 만들기 위해 설립자들에게 중요한 것은 무엇이었습니까? ⓑ
ⓐ 법 ⓑ 시민들의 자유 ⓒ 강한 정부
3. 미국 정부에 대해 알맞은 것은 무엇입니까? ⓐ
ⓐ 미국 정부는 제한된 힘을 가졌다.
ⓑ 유럽에서 온 시민들이 미국 정부를 이끌었다.
ⓒ 왕과 왕비가 미국 정부를 통제했다.
ⓓ 미국 정부의 힘은 초기 설립자들에 의해 통제되었다.
4. 미국 헌법은 어떻게 미국이 성장하는 것을 도왔습니까? ⓒ
ⓐ 시민들을 덜 강력하게 만듦으로써
ⓑ 정부 체계를 없앰으로써
ⓒ 시민들에게 자유와 힘을 부여함으로써
ⓓ 강력한 정부 체계를 설계함으로써

B. 1787년에, 미국의 초기 ①설립자들이 미국 헌법을 썼습니다. 그들은 헌법이 시민들에게 더 많은 ③힘을 부여하도록 ②설계했습니다.
① founders ② designed ③ power

Wrap Up

① laws ② society ③ control ④ limited

미국 헌법	
의미	• 미국 정부가 어떻게 일하는지를 말해주는 일련의 법들
제정 이유	• 자유가 있는 새로운 사회를 위해
제정 방향	• 시민들에게 정부 통제권을 주는 것 • 제한된 정부와 자유로운 시민들

Unit 40 모두를 위한 인권 p.104

권리장전은 미국 시민들이 자유롭고 안전하게 살 수 있도록 해 줍니다. 제임스 매디슨(James Madison)은 1789년에 권리장전을 만들었습니다. 권리장전에 나오는 기본적인 인권은 이제는 민주주의 어디서나 일반적입니다. 중요한 한 가지 권리는 언론의 자유입니다. 이 권리가 있으면, 시민들은 의견을 표현하는 것에 대해 구속될 수 없습니다. 시민들은 정부의 결정에 대해서 항의할 수도 있습니다. 다른 인권들은 시민들을 위해 법을 공정하게 만듭니다. 예를 들어, 현대 민주주의에서 시민들은 판사가 그들을 유죄로 입증할 때까지는 무죄입니다. 또 다른 기본 권리는 종교의 자유입니다. 시민들은 어떠한 종교든 선택하고 따르는 것에 자유롭습니다.

Read and Complete

1. 권리장전은 미국 시민들의 기본 권리를 보호합니다. rights
2. 인권은 민주주의에서 중요합니다. democracies

Comprehension Checkup

A. 1. 권리장전의 목적은 무엇입니까? ⓒ
ⓐ 법을 만드는 것 ⓑ 구속으로부터 자유로운 것
ⓒ 자유롭고 안전하게 사는 것
2. 제임스 매디슨의 업적은 무엇이었습니까? ⓐ
ⓐ 권리장전을 만든 것 ⓑ 종교법을 만든 것
ⓒ 사람의 죄를 입증하는 방법의 과정을 만든 것
3. 언론의 자유는 무엇입니까? (두 개의 정답을 고르세요.)
ⓒ, ⓓ
ⓐ 시민들은 신문사 일을 할 수 있다.
ⓑ 시민들은 어떠한 종교든 따르는 것에 자유롭다.
ⓒ 시민들은 의견을 자유롭게 표현할 수 있다.
ⓓ 시민들은 정부의 결정에 항의할 수 있다.
4. 인권을 무시하는 예는 무엇입니까? ⓒ
ⓐ 종교를 자주 바꾸는 것
ⓑ 반대를 표현하기 위해 모이는 것
ⓒ 어떤 사람이 유죄로 입증되기 전에 구속하는 것
ⓓ 아무의 동의 없이 새로운 곳으로 이사 가는 것

B. ①권리장전은 미국 시민들의 권리를 보호합니다. ②언론의 자유와 ③종교의 자유 같은 인권은 중요합니다.
① Rights ② speech ③ religion (②, ③ 순서 상관 없음)

Wrap Up

① created ② safely ③ fair ④ freedom

권리 장전	
만든 시기	제임스 매디슨이 1789년에 만들었습니다.
만든 이유	미국 시민들이 자유롭고 안전하게 살 수 있도록 하기 위해서
주요 내용	언론의 자유, 시민들을 위한 공정한 법, 종교의 자유

WORD REVIEW

Unit 36 ~ 40 p.106

A.

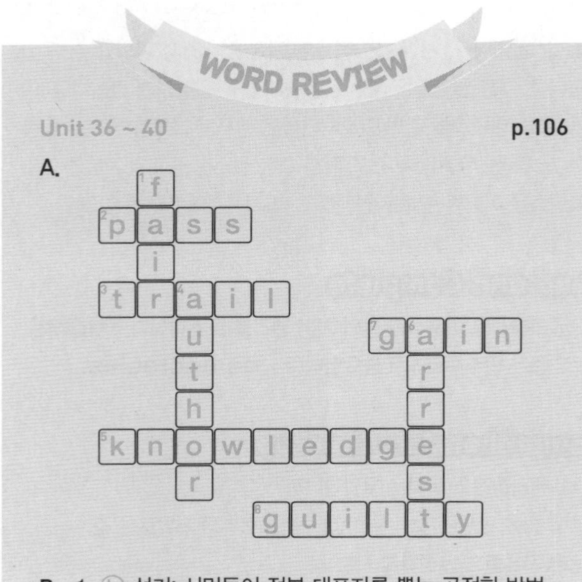

B. 1. ⓑ 선거: 시민들이 정부 대표자를 뽑는 공정한 방법
2. ⓓ 무죄의: 유죄가 아닌
3. ⓐ 기회 비용: 선택을 할 때 잃게 되는 가치
4. ⓒ 헌법: 일련의 법들

C. 1. marched 2. measured
3. represent 4. imagined
5. protest

D. 1. 미국인들은 북미 원주민의 영토로 확장하고 싶었습니다. expand into
2. 때때로 우리는 두 개의 가치 있는 선택 사이에서 결정을 해야만 합니다. have to
3. 시민들은 자유롭고 공정한 선거에서 대표들에게 투표합니다. vote for
4. 그들은 헌법이 시민들에게 정부 통제권을 주도록 설계했습니다. give, control
5. 시민들은 어떠한 종교든 선택하고 따르는 것에 자유롭습니다. are free to

Unit 41 모든 미국의 소리 p.108

여러분은 밴조를 연주할 수 있나요? 기타는 어떤가요? 둘 다 현악기입니다. 줄을 튕기면 소리가 납니다. 더 두껍거나 더 긴 줄이 더 낮은 소리를 냅니다. 더 가늘거나 더 짧은 줄이 더 높은 소리를 냅니다. 그렇지만 밴조와 기타는 다른 소리가 납니다. 밴조는 기타와는 다른 몸체를 갖고 있기 때문입니다. 밴조의 몸체는 둥글고 북처럼 생겼습니다. 이것은 독특한 소리를 냅니다. 밴조는 미국 전통 음악에서 인기가 있습니다. 여러분은 '올드 수잔나'와 같은 노래에서 그 소리를 들을 수 있습니다.

Read and Complete

1. 밴조와 기타는 현악기입니다. string
2. 밴조의 소리는 미국 전통 음악에서 인기가 있습니다. music

Comprehension Checkup

A. 1. 어떤 줄이 더 높은 소리를 냅니까? ⓑ
ⓐ 긴 줄 ⓑ 짧은 줄 ⓒ 두꺼운 줄
2. 밴조와 기타 소리가 다르게 나는 원인은 무엇입니까? ⓐ
ⓐ 몸체 형태 ⓑ 연주법 ⓒ 얼마나 인기 있는지
3. 밴조에 대해 알맞은 것은 무엇입니까? ⓒ
ⓐ 밴조는 기타처럼 생겼다.
ⓑ 밴조는 북과 같은 소리가 난다.
ⓒ 미국 사람들은 밴조의 독특한 소리를 아주 좋아한다.
ⓓ 밴조의 더 가는 줄이 더 낮은 소리를 낸다.
4. 글쓴이는 왜 '올드 수잔나'를 언급합니까? ⓓ
ⓐ 밴조와 기타를 비교하려고
ⓑ 미국 음악의 역사를 설명하려고
ⓒ 멋진 밴조 공연을 보여주려고
ⓓ 밴조로 연주하는 음악의 예를 들려고

B. 기타와 밴조는 둘 다 현①악기입니다. 둘은 다르게 생겼고, 그래서 다른 소리를 ②냅니다. 밴조는 미국 전통 음악에서 ③인기가 있습니다.

① instruments ② produce/make
③ popular

Wrap Up

① strings ② low ③ unique ④ traditional

밴조	
소리 내는 방법	• 줄을 퉁겨서
음역	• 가늘고 짧은 줄: 높은 소리 • 두껍고 긴 줄: 낮은 소리
특별한 점	• 독특한 소리를 냅니다 • 미국 전통 음악에서 인기가 있는

Unit 42 여러분은 2D 혹은 3D 형태입니까? p.110

여러분과 저는 세 개의 차원이 있습니다. 다시 말해, 우리는 높이, 길이, 너비가 있습니다. 하지만, 여러분의 사진이나 그림은 두 개의 차원만 있습니다. 그것은 높이와 길이만 있습니다. 몇몇 형태들에서도 마찬가지인데, 그것들은 3D이거나 2D일 수 있습니다. 때때로, 여러분은 2D 형태를 가져다가 3D 형태를 만들기 위해 너비를 더할 수 있습니다. 정사각형에 너비를 더하면, 그것은 정육면체가 됩니다. 2D 원형은 3D 구가 됩니다. 3D인 다른 형태에는 무엇이 있나요?

Read and Complete

1. 3D 형태는 높이, 길이, 너비를 갖고 있습니다. height
2. 형태는 2 혹은 3차원이 될 수 있습니다. dimensions

Comprehension Checkup

A. 1. 2D 형태의 예는 무엇입니까? ⓒ
ⓐ 정육면체 ⓑ 구 ⓒ 정사각형
2. 2D 형태를 어떻게 3D 형태로 바꿀 수 있습니까? ⓑ
ⓐ 길이를 더함으로써 ⓑ 너비를 더함으로써
ⓒ 높이를 더함으로써
3. 글쓴이는 왜 '여러분의 사진'을 언급합니까? ⓑ
ⓐ 3D의 의미를 설명하려고
ⓑ 2차원의 예를 들려고
ⓒ 3D 형태를 어떻게 만드는지 설명하려고
ⓓ 2D 형태가 3D 형태보다 더 자연스러운 것을 입증하려고
4. 2D와 3D에 대해 틀린 것은 무엇입니까? ⓓ
ⓐ 어떤 것의 그림은 2차원이다.
ⓑ 원형에 너비를 부여하면, 그것은 구가 된다.
ⓒ 2차원 형태는 높이와 길이를 갖는다.
ⓓ 정사각형에서 너비를 빼면, 그것은 정육면체가 된다.

B. 2차원 ①형태는 높이와 ②길이가 있습니다. 우리가 2D 형태에 ③너비를 더하면, 그것은 3차원 형태가 될 수 있습니다.
① Shapes ② length ③ width

Wrap Up

① length ② square ③ width ④ sphere

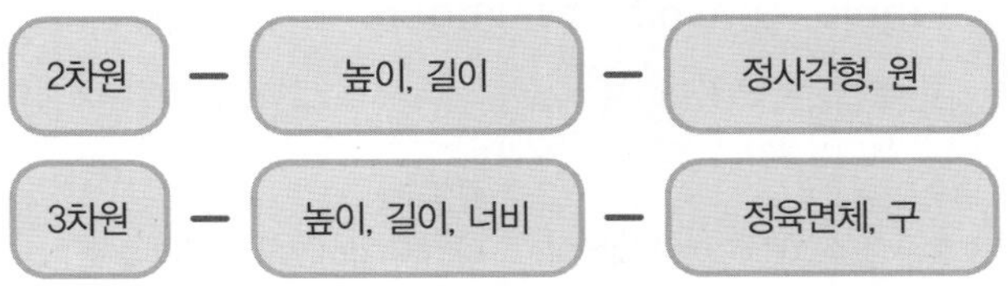

Unit 43 저 숫자는 소수 혹은 합성수입니까? p.112

우리는 정수를 셀 수 있습니다. 1보다 큰 정수는 소수이거나 합성수일 수 있습니다. 소수와 합성수를 어떻게 구분할까요? 그것은 쉽습니다. 소수는 1 혹은 소수 자신으로만 나머지 없이 나누어질 수 있습니다. 3은 소수일까요? 그렇습니다, 3은 1 혹은 3으로만 나머지 없이 나누어질 수 있기 때문입니다. 4는 어떤가요? 소수일까요? 아니요, 4는 2로도 나머지 없이 나누어질 수 있기 때문입니다. 4는 합성수입니다. 5는 소수일까요, 합성수일까요?

Read and Complete

1. 우리는 정수를 셀 수 있습니다. count
2. 정수는 소수이거나 합성수입니다. prime

Comprehension Checkup

A. 1. 소수의 예는 무엇입니까? ⓑ
ⓐ 0 ⓑ 7 ⓒ 8
2. 합성수의 예는 무엇입니까? ⓒ
ⓐ 3 ⓑ 5 ⓒ 6
3. 소수는 무엇으로 나머지 없이 나누어질 수 있습니까? ⓓ
ⓐ 소수는 어떠한 수로도 나누어질 수 있다.
ⓑ 소수는 어떠한 소수로도 나누어질 수 있다.
ⓒ 소수는 어떠한 합성수로도 나누어질 수 있다.
ⓓ 소수는 소수 자신으로 나누어질 수 있다.

4. 합성수에 대해 틀린 것은 무엇입니까? ⓒ
ⓐ 합성수는 정수이다.
ⓑ 합성수는 9와 같은 수를 포함한다.
ⓒ 합성수는 1로만 나머지 없이 나누어질 수 있다.
ⓓ 합성수는 2개 이상의 숫자로 나누어질 수 있다.

B. 소수와 ①합성수는 ②정수입니다. 소수는 2개의 숫자로만 나머지 없이 ③나누어질 수 있습니다. 합성수는 2개 이상의 숫자로 나머지 없이 나누어질 수 있습니다.
① composite ② whole ③ divided

Wrap Up

① Whole ② itself ③ numbers ④ more

정수	
소수 1 혹은 소수 자신으로만 나누어질 수 있습니다	합성수 나머지 없이 2개 이상의 수로 나누어질 수 있습니다

Unit 44 계절에 관한 이야기 p.114

고대 그리스인들은 데메테르(Demeter)가 어떻게 계절을 바꾸었는지에 대한 이야기를 갖고 있습니다. 이 이야기 이전에는 하나의 계절만 있었습니다. 데메테르는 수확의 여신이었습니다. 먼 옛날, 하데스(Hades) 신은 데메테르의 딸인 페르세포네(Persephone)와 사랑에 빠졌습니다. 하지만 그녀는 그를 사랑하지 않았습니다. 그는 페르세포네를 지하 세계로 데려갔습니다. 데메테르는 화가 나서 어떠한 식물도 자라는 것을 허용하지 않았습니다. 하데스는 페르세포네를 매년 6개월간 돌려보내 주기로 동의했습니다. 그 6개월간, 데메테르는 행복했고 모든 것이 자랐습니다. 사람들은 이 계절을 여름이라고 부릅니다. 사람들은 아무것도 자라지 않는 계절을 겨울이라고 부릅니다.

Read and Complete

1. 하데스는 데메테르의 딸인 페르세포네를 사랑했습니다.
daughter
2. 데메테르는 하데스가 페르세포네를 데려갔기 때문에 화가 났습니다. upset

Comprehension Checkup

A. 1. 이 그리스 이야기는 주로 무엇에 관한 것입니까? ⓑ
ⓐ 엄마와 딸 ⓑ 계절 ⓒ 지하 세계
2. 하데스는 페르세포네를 어디로 데려갔습니까? ⓒ
ⓐ 그리스로 ⓑ 데메테르에게로 ⓒ 지하 세계로
3. 데메테르에 대해 틀린 것은 무엇입니까? ⓐ
ⓐ 데메테르는 하데스와 사랑에 빠졌다.
ⓑ 데메테르는 수확의 여신이었다.
ⓒ 데메테르는 식물이 자라는 것을 멈추게 했다.
ⓓ 데메테르는 딸이 돌아왔을 때 행복했다.
4. 식물은 왜 여름에만 자랍니까? ⓒ
ⓐ 데메테르가 여름 동안 화가 났기 때문이다.
ⓑ 하데스가 6개월 동안만 식물이 자라도록 허용했기 때문이다.
ⓒ 데메테르가 페르세포네가 돌아와 있는 동안에 식물이 자라도록 했기 때문이다.
ⓓ 페르세포네가 여름 동안 지하 세계에 있었기 때문이다.

B. 하데스는 페르세포네를 지하 세계로 데려갔습니다. 화가 난 데메테르는 아무것도 ①자라지 않게 했습니다. 이 계절이 ②겨울입니다. 하데스는 페르세포네를 1년에 6개월 동안 돌아가게 했습니다. 그때, 데메테르는 모든 것이 자라도록 허용했습니다. 이 계절이 ③여름입니다.
① grow ② winter ③ summer

Wrap Up

5 데메테르는 행복했고, 그 6개월 동안 모든 것이 자랐습니다.
1 하데스는 페르세포네와 사랑에 빠졌습니다.
3 데메테르는 화가 나서 어떠한 식물도 자라는 것을 허용하지 않았습니다.
2 하데스는 페르세포네를 지하 세계로 데려갔습니다.
4 하데스는 페르세포네를 매년 6개월간 돌려보내 주기로 동의했습니다.

Unit 45 망자의 기쁜 날 p.116

멕시코에서, '망자의 날'은 중요한 명절입니다. 가족들은 조상들을 기억하기 위해 함께 모입니다. 이날에, 그들은 망자의 영혼이 그들의 가족들과 다시 함께할 수 있다고 믿습니다. 이것은 슬프고 약간 무섭게 들릴 수도 있지만, 기쁜 기념 행사입니다. 가족들은 집에 제단을 만듭니다. 그러고 나서, 그들은 조상이 가장 좋아하는 음식과 음료를 거기에 둡니다. 그 후에, 그들은 조상의 무덤으로 선물을 가져갑니다. 주로, 그들은 유령이나 해골 의상을 입습니다. 망자의 날에 묘지는 기념 행사로 가득합니다!

Read and Complete

1. 망자의 날은 멕시코의 명절입니다. Mexico
2. 가족들은 조상들을 기억하기 위해 모입니다. ancestors

Comprehension Checkup

A. 1. 어떤 가족들은 어디에 제단을 만듭니까? ⓑ
ⓐ 무덤에 ⓑ 집에 ⓒ 묘지에
2. 망자의 날에, 무엇이 그들의 가족과 다시 함께합니까? ⓒ
ⓐ 노인들 ⓑ 무서운 유령들 ⓒ 망자의 영혼들
3. 망자의 날에 대해 틀린 것은 무엇입니까? ⓐ
ⓐ 망자의 날은 멕시코 가족들에게 슬픈 날이다.
ⓑ 사람들은 주로 특별한 의상을 입는다.
ⓒ 사람들은 조상의 묘지에 선물을 가져간다.
ⓓ 조상을 위한 음식과 음료가 제단에 올려진다.
4. 글에서 유추할 수 있는 것은 무엇입니까? ⓑ
ⓐ 멕시코인들은 슬픔을 느끼는 것을 싫어한다.
ⓑ 멕시코인들은 사후 세계를 믿는다.
ⓒ 유령의 상징은 멕시코에서 인기 있다.
ⓓ 멕시코의 무덤은 다른 나라 것보다 더 크다.

B. 멕시코에서, 많은 가족들은 ①망자의 날을 기념합니다. 그날은 가족들이 조상을 기쁘게 기억하기 위해 ③모이기 때문에 중요한 ②명절입니다.
① Dead ② holiday ③ gather

Wrap Up

① spirits ② joyful ③ altars ④ costumes

망자의 날	
의미	가족들이 모여 조상들을 기억합니다.
특별한 점	망자의 영혼이 다시 함께합니다. ▸ 기쁜 기념 행사
하는 일	제단을 만들고, 무덤에 선물을 가져가고, 특별 의상을 입습니다

WORD REVIEW

Unit 41 ~ 45 p.118

A.

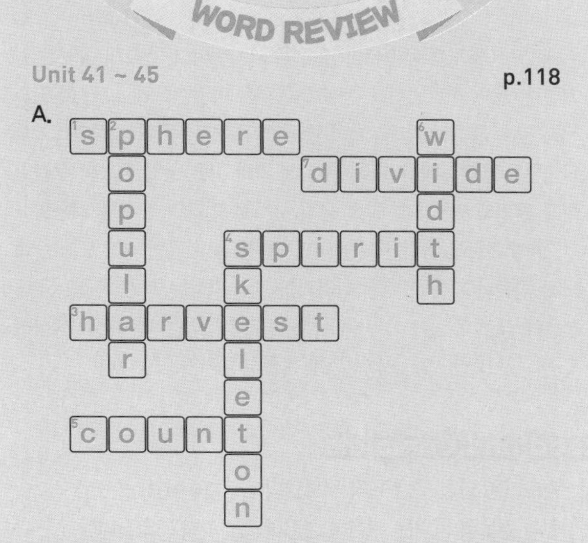

B. 1. ⓓ 합성수: 2개 이상의 숫자로 나머지 없이 나누어질 수 있는 수
2. ⓒ 소수: 1 혹은 자신으로만 나누어질 수 있는 수
3. ⓐ 현악기: 줄이 진동하면서 소리를 내는 악기
4. ⓑ 3차원: 높이, 길이, 너비

C. 1. add 2. underworld
3. agreed 4. gather
5. altars

D. 1. 밴조의 몸체는 둥글고 북처럼 생겼습니다.
looks like
2. 몇몇 형태들에서도 마찬가지인데, 그것들은 3D이거나 2D일 수 있습니다. either, or
3. 소수와 합성수를 어떻게 구분할까요?
between, and
4. 하데스 신은 데메테르의 딸인 페르세포네와 사랑에 빠졌습니다. fell in love with
5. 망자의 날에 묘지는 기념 행사로 가득합니다.
are full of

Unit 46 컨트리 음악은 여전히 살아있다 p.120

수백만의 미국인들은 컨트리 음악을 사랑합니다. 컨트리 음악은 인기 있는 음악 장르입니다. 컨트리 음악은 아일랜드와 스코틀랜드의 전통 민속 음악과 함께 100여 년 전에 최초로 등장했습니다. 그 후 유럽인들이 북아메리카로 이주함에 따라 다른 문화들과 함께 변화하고 혼합되었습니다. 민속 음악은 주로 기타와 밴조를 사용합니다. 현대 컨트리 음악은 여전히 이 악기들을 사용합니다. 노래는 대도시 밖에서의 삶에 대해 이야기합니다. 가사는 사랑, 투쟁, 긍지, 전통에 대한 것입니다. 미국에서, 컨트리 음악은 계속해서 성장하고 변화하고 있으며, 오늘날까지 여전히 인기가 있습니다!

Read and Complete

1. 컨트리는 인기 있는 음악 장르입니다. genre
2. 현대 컨트리 음악은 여전히 성장하고 변화하고 있습니다. changing

Comprehension Checkup

A. 1. 컨트리 음악이 처음 등장한 곳은 어디입니까? ⓐ
ⓐ 아일랜드 ⓑ 북미 ⓒ 미국의 대도시
2. 민속 음악이 주로 사용하는 악기가 아닌 것은 어느 것입니까? ⓑ
ⓐ 밴조 ⓑ 바이올린 ⓒ 기타
3. 컨트리 음악이 다루는 내용이 아닌 것은 무엇입니까? ⓐ
ⓐ 아프리카를 그리워함 ⓑ 긍지와 전통
ⓒ 사랑과 투쟁 ⓓ 대도시 밖에서의 삶
4. 컨트리 음악에 대해 알맞은 것은 무엇입니까? ⓑ
ⓐ 컨트리 음악은 아일랜드에서 온 민속 음악을 뜻한다.
ⓑ 컨트리 음악은 여전히 북미에서 매우 인기 있다.
ⓒ 컨트리 음악은 전통 민속 음악과 거의 동일하다.
ⓓ 컨트리 음악은 새로운 세대의 흥미를 끄는 데 실패했다.

B. ①컨트리 음악은 ②북미에서 인기 있습니다. 컨트리 음악은 시간이 흐르면서 성장하고 ③변화했습니다.
① Country ② North ③ changed

Wrap Up

① folk ② banjos ③ life ④ traditions

컨트리 음악	
유래	• 아일랜드와 스코틀랜드의 전통 민속 음악
주요 악기	• 기타, 밴조
다루는 주제	• 대도시 밖에서의 삶 • 사랑, 투쟁, 긍지, 전통

Unit 47 와츠의 경이로운 타워 p.122

사이먼 로디아(Simon Rodia)는 스스로 물건들을 찾고 그 물건들만 사용해서 인상적인 예술을 창조했습니다. 캘리포니아의 와츠에서, 그는 쓰레기로 조각품과 구조물을 만들었습니다. 그는 돈이 많지 않았기 때문에 쓰레기를 모았습니다. 로디아는 이 모든 일을 단순한 도구를 가지고 혼자서 했습니다. 그는 예술 작품에 열정적이었습니다. 그는 그것을 작업하는 데 34년을 썼습니다! 그의 작품은 결국 와츠의 800미터 길이의 지역에 걸치게 되었습니다. 그는 이 지역에 많은 높은 구조물들을 만들었습니다. 가장 높은 것은 30미터가 넘었습니다! 오늘날, 와츠 타워는 인기 있는 야외 박물관입니다.

Read and Complete

1. 사이먼 로디아는 쓰레기로 와츠 타워를 만들었습니다. garbage
2. 요즘, 사람들은 그의 작품을 야외 박물관으로 즐깁니다. museum

Comprehension Checkup

A. 1. 로디아는 예술 작품을 만들기 위해 물건들을 어떻게 구했습니까? ⓐ
ⓐ 스스로 모아서 ⓑ 이웃들에게서 구매해서
ⓒ 박물관에서 빌려서
2. 로디아는 작품을 얼마나 오래 작업했습니까? ⓒ
ⓐ 800일 ⓑ 30개월 ⓒ 34년
3. 로디아는 어떻게 일했습니까? (두 개의 정답을 고르세요.) ⓑ, ⓒ
ⓐ 그는 매우 천천히 일했다. ⓑ 그는 쓰레기만 사용했다.
ⓒ 그는 혼자서 일했다.
ⓓ 그는 물건들을 얻기 위해 돈을 썼다.
4. 와츠에 있는 로디아의 예술 작품들에 대해 틀린 것은 무엇입니까? ⓓ
ⓐ 그것들은 오늘날 여전히 인기 있다.
ⓑ 와츠에는 많은 구조물들이 있다.
ⓒ 가장 높은 타워는 30미터가 넘는다.
ⓓ 그것들은 박물관의 800미터 길이의 지역에 걸쳐 있었다.

B. 사이먼 로디아는 높은 타워를 만들기 위해 쓰레기와 간단한 ①도구를 이용했습니다. 그것은 캘리포니아에 있는 와츠 ②타워입니다. 그가 그것들을 끝내는 데는 34③년이 걸렸습니다.
① tools ② Towers ③ years

Wrap Up
① collect ② alone ③ simple ④ outdoor

와츠 타워	
재료	쓰레기를 모아 사용합니다
작업 방법	혼자 일하고, 간단한 도구를 사용합니다
작업 기간	34년
작품들	와츠 타워: 유명한 야외 박물관

Unit 48 관용구를 이해하기 p.124

관용구는 특정 문화권에서 언어를 표현하는 창의적이고 공통적인 방법입니다. 여러분은 단순히 관용구 속의 문법이나 단어를 안다고 해서 관용어를 이해할 수는 없습니다. 사람들은 대중적인 사용을 통해서만 관용어를 이해할 수 있습니다. 누군가 양동이를 걷어찼다면 그것은 무슨 뜻일까요? 그것은 보통은 글자 그대로 사람이 실제로 양동이를 찼다는 뜻이 아닙니다. 그것은 누군가 죽었다는 의미입니다. 다른 예를 봅시다. 나는 책을 때렸다! 문자 그대로의 의미는 내가 책을 주먹으로 쳤다는 것입니다. 실제로는 공부를 했다는 뜻입니다. '콩을 쏟다'는 어떤 의미라고 생각하나요? 그것은 비밀을 누설하는 것을 의미합니다.

Read and Complete
1. 관용구는 특정 문화권에서 공통적으로 이해됩니다. Idioms
2. "콩을 쏟지 마"는 "비밀을 누설하지 마"라는 뜻입니다. secret

Comprehension Checkup
A. 1. "그는 양동이를 발로 찼다"는 무엇을 의미합니까? ⓐ
ⓐ 그는 죽었다. ⓑ 그는 화가 났다.
ⓒ 그는 쓰레기통을 발로 찼다.
2. 여러분이 공부를 하고 있을 때, 어떤 관용구가 여러분의 상황을 표현할 수 있나요? ⓒ
ⓐ 나는 비밀을 누설하고 있다.
ⓑ 나는 책을 주먹으로 치고 있다.
ⓒ 나는 공부를 하고 있다.
3. 관용구에 대해 틀린 것은 무엇입니까? ⓓ
ⓐ 관용구는 문자 그대로 사용되지 않는다.
ⓑ 관용구는 창의적이고 대중적이다.
ⓒ 관용구는 언어에서 공통적이다.
ⓓ 관용구는 주로 틀린 문법을 쓴다.
4. 친구들이 비밀을 꼭 지키게 하고 싶습니다. 어떤 관용구를 쓸 수 있습니까? ⓐ
ⓐ 비밀을 누설하지 마. ⓑ 죽지 마.
ⓒ 나는 네가 비밀을 누설하면 좋겠어.
ⓓ 나는 네가 죽기를 원해.

B. 관용구는 ①창의적이고 공통적인 표현입니다. 관용구는 ②문자 그대로의 의미와는 다릅니다. 여러분은 대중적인 ③사용을 통해 관용구를 이해할 수 있습니다.
① creative ② literal ③ use

Wrap Up
① creative ② culture ③ use ④ meaning

관용구	
특징	• 특정 문화권에서 언어를 표현하는 창의적이고 공통적인 방법 • 대중적인 사용을 통해서 이해합니다 • 문자 그대로의 의미가 아닌
예시	• 양동이를 차다(죽다), 책을 때리다(공부하다), 콩을 쏟다(비밀을 누설하다)

Unit 49 점으로 그린 그림 p.126

점묘법은 그림을 그리는 독창적인 방법입니다. 점묘법은 이미지를 창조하기 위해 색의 점들을 사용합니다. 가까이서 보면, 많은 각각의 점들을 볼 수 있습니다. 멀리 떨어져서 보면, 그것은 보통의 그림처럼 보입니다. 색 점들이 함께 섞여서 보이기 때문입니다. 조르주 쇠라(George Seurat)는 프랑스 화가였고 1800년대에 점묘법을 만들어 냈습니다. 그는 '서커스'와 같은 몇몇 유명한 그림들을 그렸습니다. 그 그림은 서커스 연기자들과 그들을 보고 있는 사람들을 묘사합니다. 그리고, 그것은 셀 수 없이 많은 색 점들로 구성되어 있습니다!

Read and Complete
1. 점묘법에서 색의 점들은 이미지를 만들어 낼 수 있습니다.
Points/Dots
2. 많은 각각의 점들이 함께 섞여서 보입니다. blend

Comprehension Checkup

A. 1. 화가들은 점묘법에서 무엇을 사용합니까? ⓐ

ⓐ 색 점들 ⓑ 섞인 이미지들 ⓒ 창의적인 사진들

2. 그림 '서커스'는 무엇에 관한 것입니까? ⓒ

ⓐ 셀 수 없이 많은 색깔들 ⓑ 음악 공연 ⓒ 서커스의 연기자들

3. 점묘법의 독창적인 특징은 무엇입니까? ⓑ

ⓐ 화가는 한 가지 색깔로 무엇이든 표현할 수 있다.
ⓑ 얼마나 멀리 떨어져 있는지에 따라 달라 보인다.
ⓒ 점묘법의 그림들은 가까이에서 봐야 한다.
ⓓ 거꾸로 있으면 색 점들이 달라 보인다.

4. 조르주 쇠라에 대해 틀린 것은 무엇입니까? ⓒ

ⓐ 그는 프랑스 출신이었다.
ⓑ 그는 점묘법 최초의 화가였다.
ⓒ 그는 그림에서 한 가지 색만 사용했다.
ⓓ 그의 유명한 그림 중 하나는 '서커스'이다.

B. ①점묘법은 조르주 쇠라에 의해 1800년대에 만들어졌습니다. 화가들은 ②색 점으로 무엇이든 표현할 수 있습니다. '서커스'는 점묘법으로 그린 가장 유명한 ③그림들 중 하나입니다.

① Pointillism ② color ③ paintings

Wrap Up

① dots ② closely ③ individual ④ far away

점묘법	
사용 기법	• 색깔의 점
효과	• 가까이서 보면 ▸ 많은 각각의 점들 • 멀리 떨어져서 보면 ▸ 보통의 그림
대표 작가	• 조르주 쇠라 ▸ 점묘법을 만들었습니다

Unit 50 독립 선언서 p.128

먼 옛날에, 미국은 영국의 식민지였습니다. 하지만 미국 식민지 주민들은 영국 정부에 화가 났습니다. 그들이 미국인들을 전혀 존중하지 않았기 때문입니다. 그래서 1776년 7월 4일, 토머스 제퍼슨(Thomas Jefferson)은 독립 선언서를 작성했습니다. 그것의 일부를 살펴봅시다. "모든 인간은 평등하고 특정 기본 권리가 그들을 지지한다. 이것들에는 생명, 자유, 행복 추구가 있다." 또한, 선언서는 왜 미국인이 독립해야 하는지 서술했습니다. 거기에는 영국이 미국인을 다스릴 권한이 없다고 쓰여 있었습니다. 독립 선언서에 이어서, 미국은 자유를 위한 투쟁을 시작했습니다.

Read and Complete

1. 영국은 미국을 식민지로 만들었습니다. colony
2. 미국인들은 영국으로부터 독립을 원했습니다. independence

Comprehension Checkup

A. 1. 독립 선언서에 포함되지 않은 것은 무엇입니까? ⓐ

ⓐ 항의할 권리 ⓑ 자유로울 권리 ⓒ 행복할 권리

2. 미국인들은 선언서를 통해 영국이 무엇을 알도록 해주었습니까? ⓐ

ⓐ 모든 사람이 가져야할 권리들 ⓑ 미국인의 우수함
ⓒ 영국인을 다스릴 그들의 권리

3. 식민지 주민들은 왜 영국 정부에 화가 났습니까? ⓐ

ⓐ 그들이 미국인들을 소중하게 대하지 않았기 때문이다.
ⓑ 그들이 토머스 제퍼슨을 구속했기 때문이다.
ⓒ 그들이 식민지를 계속해서 확장했기 때문이다.
ⓓ 그들이 미국 영어를 하지 못했기 때문이다.

4. 독립 선언서 이후에 바로 어떤 일이 일어났습니까? ⓓ

ⓐ 미국이 새 나라를 만들었다.
ⓑ 영국이 미국을 파괴했다.
ⓒ 미국이 영국의 가장 큰 식민지가 되었다.
ⓓ 미국인들이 영국에 대항하여 항의하기 시작했다.

B. 1776년에, 미국의 ①식민지 주민들은 영국으로부터의 독립을 선언했습니다. 그들의 선언에 따르면, 모든 인간은 ②평등하고 기본적인 권리를 갖습니다. 또한, 미국인들은 영국이 더 이상 미국을 ③다스리기를 원하지 않았습니다.

① colonists ② equal ③ govern

Wrap Up

① Britain ② equal ③ liberty ④ pursuit

독립 선언문	
날짜	• 1776년 7월 4일에 쓰여짐
목적	• 영국으로부터 미국인의 독립을 선언하기 위해
내용	• 만인은 평등합니다. • 그들은 생명, 자유, 행복 추구 같은 기본권을 가집니다.